U0663168

基于财政绩效评价视角
看制造业高质量发展

JIYU CAIZHENG

JIXIAOPINGJIA

SHIJIAO KAN ZHIZAOYE

GAOZHILIANG FAZHAN

张淑翠 著

中国财经出版传媒集团

经济科学出版社

Economic Science Press

图书在版编目（CIP）数据

基于财政绩效评价视角看制造业高质量发展/张淑翠著．
—北京：经济科学出版社，2020.3
ISBN 978-7-5218-1336-4

Ⅰ.①基…　Ⅱ.①张…　Ⅲ.①制造工业－工业发展－
研究－中国　Ⅳ.①F426.4

中国版本图书馆 CIP 数据核字（2020）第 026058 号

责任编辑：孙怡虹　何　宁
责任校对：李　建　靳玉环
责任印制：李　鹏　范　艳

基于财政绩效评价视角看制造业高质量发展
张淑翠　著
经济科学出版社出版、发行　新华书店经销
社址：北京市海淀区阜成路甲 28 号　邮编：100142
总编部电话：010－88191217　发行部电话：010－88191522
网址：www.esp.com.cn
电子邮箱：esp@esp.com.cn
天猫网店：经济科学出版社旗舰店
网址：http://jjkxcbs.tmall.com
北京季蜂印刷有限公司印装
710×1000　16 开　11 印张　180000 字
2020 年 5 月第 1 版　2020 年 5 月第 1 次印刷
ISBN 978-7-5218-1336-4　定价：46.00 元
（图书出现印装问题，本社负责调换。电话：010－88191510）
（版权所有　侵权必究　打击盗版　举报热线：010－88191661
QQ：2242791300　营销中心电话：010－88191537
电子邮箱：dbts@esp.com.cn）

前　言

19 世纪，为何有些国家开始从新技术和组织形式中获益，有些国家却未能成功？达龙·阿西莫格鲁在《现代经济增长导论》中指出，技术（生产技术、知识和生产组织总体效率的进步）是经济增长的一个主要驱动力，同时也是影响跨国经济表现差异的一个重要因素，主要是通过对要素禀赋、市场结构和报酬结构进行作用，发挥其经济增长"引擎"作用。但国家经济起飞，除技术这一关键因素外，国家政策和制度更是重要决定因素，这是由于国家政策和制度决定着报酬结构，报酬结构在工业化和经济增长的新技术和人力资本中起着关键作用；国家政策和制度也决定了现代经济关系中所必需的基础设施和合同存在的可能性，也就是说，若合同执行机制、法律与秩序的维护及最低保障水平的基础设施在一定程度上缺失，经济增长就不能实现；国家政策和制度能够影响和规制市场结构，促进或阻碍新技术的应用。

制造业是立国之本、兴国之器、强国之基，是国家经济的"脊梁"，经济起飞和可持续增长主要取决于制造业发展。随着经济社会环境的变化，我国已进入经济高质量发展阶段，经济高质量发展主要取决于制造业高质量发展。当前，世界多极化、经济全球化和社会信息化深入发展，国际经济在深度调整中曲折复苏，新一轮科技革命和产业变革蓄势待发，以信息技术、先进制造为代表的战略性新兴技术向各个领域深度渗透、跨界交融，创新成果层出不穷，以体系化创新、加速度推进的方式，引发各国资源供给或需求条件的变化，加快推动国际生产要素流动、全球范围的产业结构调整和产业转移，形成"你中有我，我中有你"错综复杂的全球格局，促进世界经济一体化发展。各国都把制造业发展放在经济发展战略的优先位置，如美国、德国、日本先后分别发布了《先进制造业美国领导力战略》《国家工业战略 2030》

《综合创新战略》等，这些举措的共同点都是调整国家政策和制度，大力推动技术创新，加快发展先进制造业，实现制造业高质量发展。我国以要素投入、物质消耗为主要特征的传统增长模式已难以适应国际发展"主旋律"，推动制造业转型升级，实现制造业高质量发展已是时代发展所需。

国家政策和制度是决定经济起飞和可持续增长的关键所在，更是决定制造业高质量发展能否实现的关键所在。当前，我国制造业转型升级正处在爬坡过坎的关键时期，正处在转变发展方式、优化经济结构、转换增长动力的攻关期，财政政策作为国家治理的基础和重要支柱、政府实施宏观调控的重要工具之一，通过税收、补贴等手段，支撑、引领、提升与保障制造业高质量发展。如何有效发挥与衡量财政政策对制造业高质量的成效？财政绩效成为可选路径之一。党的十九大提出了"建立全面规范透明、标准科学、约束有力的预算制度，全面实施绩效管理"。2018 年 9 月，中共中央、国务院发布了《关于全面实施预算绩效管理的意见》。可预见，一场基于财政绩效的国家政策和制度改革，已在中国大地上悄然兴起。

变局孕育着机遇，我们需识"变"谋"局"、适"变"图"强"，高点站位，深度谋划，精准打造制造业高质量发展新格局。家事、国事、天下事，财务、财政永远都是核心。作为"理性人"，必然关心财务，作为国家治理主体，政府关心财政，这是由于先有财务和财政的投入，才会有所产出与结果。本书立足财政绩效理论，结合制造业高质量发展的特性，提出了制造业高质量发展之绩效观，既在理论层面界定了制造业高质量发展的内涵及"一观三论"绩效观，又在实践层面，从投入、产出与结果、能力建设等多维角度，架构了制造业高质量发展绩效评估指标体系。在当前我国经济进入新时代、经济增速和财政增速放缓、制造业增加值增速下滑、叠加社会各种矛盾之时，制造业高质量发展之绩效评估正当其时，机不可失，时不待我！

张淑翠

2019 年 12 月 16 日

目　　录

第一章

问 题 提 出

近年来，鉴于我国综合国力日增，国际政治、经济的影响力越来越大，美国、欧盟等发达国家或地区对我国政策遏制持续强化，国际政治经济关系日趋交织复杂，倒逼我国发展路径转换，我国制造业高质量发展面临诸多挑战。财税是国家治理的基础和重要支柱，科学的财税政策体系是优化资源配置、维护市场统一、促进社会公平、实现经济高质量发展、国家长治久安的制度保障。制造业是一个国家经济社会发展的根基所在，面对复杂多变的国内外形势，我国财税政策体系必须服务于制造业高质量发展的"主旋律"，结合制造业高质量发展的需求点，改革完善现有财税政策体系，让财税调控产业发展的手段更加灵活、更有针对性。集中政府财力办大事，提高政府对制造业高质量发展的引导、推动和调控能力，是提升社会经济发展水平至关重要的手段，因此加强制造业高质量发展的财政绩效评价十分必要。制造业高质量发展财政绩效评价重在提高支撑制造业高质量发展的财政资金投资收益，是推动制造业高质量发展的重要着力点，也是加快制造强国建设的主要抓手。

第一节 研究背景

当前，我国经济已由高速增长阶段转向高质量发展阶段，经济下行压力加大，财政收入增速放缓。党的十九大报告指出，"我国经济已由高速增长阶段转向高质量发展阶段，正处在转变发展方式、优化经济结构、转换增长动力的攻关期"。制造业是国民经济的主体，是立国之本、兴国之器、强国之基。2019 年，习近平总书记在河南省考察调研时强调，制造业是实体经济的基础，实体经济是我国发展的本钱，是构筑未来发展战略优势的重要支撑。要坚定推进产业转型升级，加强自主创新，发展高端制造、智能制造，把我国制造业和实体经济搞上去，推动我国经济由量大转向质强，扎扎实实实现"两个一百年"奋斗目标。

历经 40 多年经济高速增长期，当前，随着供给侧结构性改革深入推进，我国经济结构不断优化，传统动能不断焕发生机，新动能不断增强，制造业高质量发展有条不紊地推进。新旧动能转换实质，就是通过新旧模式更迭、新旧业态交替、新旧技术更替，新材料新能源代替旧材料旧能源，推动外延增长型向内涵增长型、劳动密集型向知识密集型经济增长方式转变，最终实现以质量强国建设现代化经济体系。新旧动能转换的核心就是产业升级核心动力机制的转变，主要体现在价格机制转向价值机制、交易成本降低转向附加值提高、边际效率提高转向边际效益提高、经济规模转向规模经济、要素禀赋比较优势转向大众创业、万众创新等方面。推动新旧动能转换，加快制造业高质量发展，需要推进政府治理改革，让市场在资源配置中发挥决定性作用，更高效率地配置资源，降低生态环境影响，不断提高生产率，最终提升经济效率和竞争力，实现制造业高质量发展。

解决新旧动能转换过程中，提高生产率所面临的投资率过高、产能过剩、劳动生产率不高等挑战，我国需要消除经济中资源配置扭曲，加速先进技术和创新成果的扩散，以及促进新技术、新产品和新工艺的发明创造，拓展生产力边界。也就是说，为了更高效地配置资源，消除市场扭曲，改善竞争秩序，促进市场竞争扩散技术，完善国家创新体系，进一步促进新产品和新工艺的发明创造，需要促使财政预算改革，改革公共服务绩效管理，推动制造业高质量发展的财政绩效评估，提高财政投资效率，增加存量公共资产的回报，引导财政资金更多投向基础研究，同时加强知识产权保护，提高专利质量，激发企业持续的自主创新和转型升级动力，确保我国财政体制适应经济发展所需。

2017 年，党的十九大报告明确提出，要"建立全面规范透明、标准科学、约束有力的预算制度，全面实施绩效管理"。2018 年 9 月，《关于全面实施预算绩效管理的意见》发布，细化并贯彻落实党的十九大报告中关于"全面实施绩效管理"的预算在战略方向、实施范围和实现路径等内容改革的要求。全面实施预算绩效管理是优化财政资源配置、提升公共服务质量的关键举措。一方面，优化财政资源配置，正如前所述，制造业是国民经济的主体，就是重在提高制造业高质量发展的财政投入效率。然而，我国制造业传统的发展模式造成了低工资、环境污染严重、地区发展不平衡等问题，存在中高端供给能力不足、制造业基础能力和创新能力不强、产业结构不优、区域布局不合理等短板，发展不平衡不充分问题依然突出。另一方面，要实现人民对美好生活的需要就需提升公共服务的质量。提高人民福祉是国家发展的根本所在。我国社会主要矛盾已转化为人民日益增长的美好生活需要和不平衡不充分的发展之间的矛盾。虽然我国制造业已经解决了人民群众基本生活物资的有无问题，但是制造业供给质量整体上仍然滞后于消费升级的速度。

因此，就经济可持续发展特别是制造业高质量发展而言，财税政策体系改革不是解一时之弊，而要以绩效评估为重要抓手，着眼长远机制的系统性重构，重点健全完善财政资源分配决策机制，随着新时代赋予制造业发展新使命而做出相应突破，持续优化配置制造业高质量发展所需要的财政资源，化解制造业财政投入中存在的不合理、低效、无效问题，推动财政资金聚力增效，为制造业高质量发展铺平可持续健康发展之路，推进制造强国建设。

第二节 研究逻辑思路

本书遵循问题导向的研究逻辑思路，基本逻辑思路就是沿着提出问题—分析问题—解决问题的技术路线，在收集大量前人研究成果的定性研究基础上，进行绩效指标评估分析，期望在借鉴前人研究经验基础上有所突破与创新。本书主要目的是要通过深刻剖析制造业高质量发展的内涵，结合财政绩效评估，构建投入、产出与结果、能力建设、社会评价等多维度的制造业高质量发展财政绩效评估体系，试图以此来提高制造业高质量发展的财政资金绩效水平，更是以此来切实促进制造业高质量发展。本书具体的研究技术路线如图 1-1 所示。

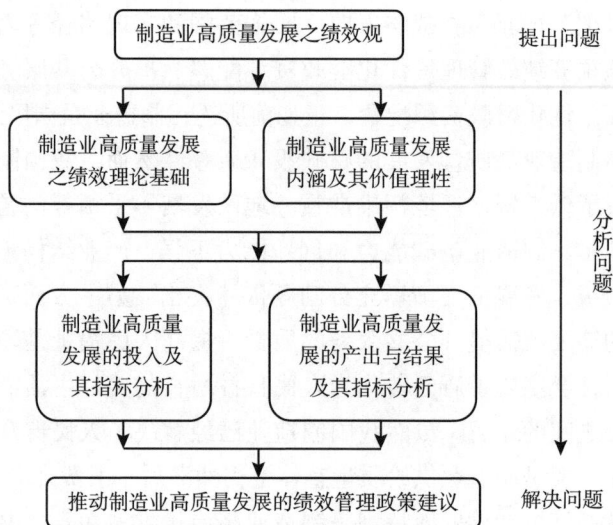

图1-1　研究技术路线

第三节　研究创新点及其意义

和谐、有序、有诚信的市场不是天然存在的，尤其是有组织的规模化大市场，只有靠集体力量（如政府、社区和企业）去共同创造和开辟。同时，也只有在政府和大众严厉监管机制下，市场才能发挥积极正面的有效配置资源作用。否则，市场力量只会摧毁一个国家和工业化潜能和前途①。制造业高质量发展就是要转变以前制造产品的"有没有"为"好不好"的理念与行为方式，是解决当前制造业发展主要矛盾和问题的现实要求。这需要变革政府以往的治理方式，以绩效为重要抓手，提高制造业高质量发展的财政投入的产出与结果，更好地发挥我国社会主义制度决定的"集中力量办大事的制度优势"，深度挖掘市场活力，有效结合"有形之手"与"无形之手"，实现同向发力"资源优化配置"。基于此前提，本书不仅从理论层面提出了"制造业高质量发展"的新内涵，而且从实践层面，构建了促进制造业高质量发

---

① 文一. 伟大的中国工业革命［M］. 北京：清华大学出版社，2019.

展的绩效评估体系，具有重要的理论意义与实践意义。

首先，本书有效结合了"制造业高质量发展"与"财政治理改革的着力点——绩效评估"。制造业高质量发展是制造强国建设的主要内涵和战略重点，从根本上决定了一个国家的综合实力和国际竞争力。财税政策作为推动制造业高质量发展的重要抓手，以绩效评估为改革手段，通过构建制造业高质量发展绩效评估指标体系，提高制造业高质量发展的财政投入产出，降低制造业企业成本，为制造业高质量发展营造优良营商环境，成为支撑制造业高质量发展的重要支撑力量。基于绩效评估视角，本书适时开展支持制造业高质量发展的财税政策深化研究，对促进制造业高质量发展、加快制造强国建设十分必要，同时也在一定程度上有助于财政体制改革的有效推进与实施，是国家治理体系和治理能力现代化的重要内容之一。

其次，本书界定了"制造业高质量发展"内涵。何为高质量发展？简单地说，就是"好不好"而非"有没有"，但具体内涵特性应该体现在哪，学者还尚未达成一定的共识。基于此，何为"制造业高质量发展"，学者们也是仁者见仁，智者见智。本书梳理、汇总、提炼已有相关研究成果，结合制造业自身的特性，提出了制造业高质量发展的内涵。这在一定程度上完善了现有的市场理论、工业化理论，为制造业高质量发展提供方向。正如《伟大的中国工业革命》中所提出的，自由市场并不自由，也不是免费的，本质上是一种成本高昂的公共品；正在中国大地上展开的工业革命，其源泉并非来自技术升级本身，而是来自一个有为的重商主义政府所引领的连续不断的市场创造①。本书所提出的制造业高质量发展"一观三论"绩效观，也正是基于这样的理论视角，意在更好地诠释"何为制造业高质量发展"以及政府与市场在其中所扮演的角色，具有一定的理论创新，进一步完善了政府与市场定位理论。

最后，本书构建了"制造业高质量发展绩效评估体系"。有"高"就有"低"，如何评判制造业发展的"高与低"呢？本书基于财政绩效评估理论，结合制造业高质量发展过程，构建出"全方位、全过程、全覆盖"的制造业高质量发展的财政绩效评估体系。"全方位"就是把所有涉及制造业高质量

---

① 文一. 伟大的中国工业革命 [M]. 北京：清华大学出版社，2019.

发展的财政、工信等政府部门均考虑在内，发动制造业高质量发展所涉及部门的财政资金治理行动"总动员"。"全过程"就是将绩效理念和方法深度融入制造业高质量发展的财政资金分配、执行和监督各个环节，即制造业高质量发展财政绩效指标评估体系中，涉及投入、产出与结果、社会反馈等各个环节，实现了所有环节管理一体化，意在强化绩效目标管理，做好绩效运行监控，开展绩效评估，加强评估结果运用。"全覆盖"是指将制造业高质量发展相关联的所有项目可能涉及的财政资金都纳入绩效管理中，意在全面提高制造业高质量发展的财政资金投入产出效率，真正实现制造业向"好"发展，"高位"运作。

第四节 研究方法

应用经济学研究既要有较为扎实的经济学理论功底，还必须会综合运用数理分析方法。本书主要在绩效评估理论、公共委托代理理论、钱纳里工业化阶段理论、熊彼特创新理论等理论研究基础上，辅以适度的量化分析，采用规范分析与实证分析相结合的方法来逐步展开研究。本书以"制造业高质量发展＋绩效评估"相结合，作为研究的切入点与着力点，以制造业高质量发展绩效指标评估体系为媒介，意在推动制造业高质量发展，也期望在借鉴前人研究经验的基础上有所突破。

第二章

制造业高质量发展之绩效理论基础

当前，新一轮科技革命和产业变革影响逐渐深化，全球产业链面临重大调整，国内外形势正发生深刻复杂变化，国家各部委积极实施战略决策部署，集中资源、重点突破，促进制造业高质量跨越式发展。其中，财政部《关于推进预算绩效管理的指导意见》中明确，逐步建立以绩效目标实现为导向，以绩效评价为手段，以结果应用为保障，以改进预算管理、优化资源配置、控制节约成本、提高公共产品质量和公共服务水平为目的，覆盖所有财政性资金，贯穿预算编制、执行、监督全过程的具有中国特色的预算绩效管理体系。毋庸置疑，制造业高质量发展离不开政府财政性资金支持，而运用政府财政性资金推动制造业高质量发展也是政府支出不可推卸的责任，有必要从公共财政资金监管角度建立全过程、全方位、多层次、全覆盖的绩效管理模式，旨在有效发挥有限财政资金的使用效益，促进制造业高质量发展。

第一节　绩效内涵

"绩效"凸显"没有最好，只有更好，即要将事做得更好"的思想理念，要以最小的成本或者在既定成本上实现较高水平的经济收益，在一定程度上体现了儒家思想的"惠而不费"理念。绩效早期称为"3E"，即经济（economy）、效率（efficiency）、有效（effectiveness），但因三者之间极易混淆，再加上晦涩难懂，难以确定内容，所以经济学家就用"绩效"替代"3E"。其中，"3E"理论是由切克兰德（Checkland, P. B.）提出的，然后，在20世纪80年代初，英国的效率小组提出要在财务管理新方案中设立"3E"标准，以取代传统的财务、会计指标等传统的效率标准。在此之后，英国审计委员会将"3E"标准纳入了绩效审计范围，对地方政府、国家健康服务等开展绩效评价。因此，"3E"标准是支撑财务（审计）评价指标的理论，而非真正意义上的绩效指标理论。同理，财务（审计）评价旨在评价财务合规性，而非绩效评价。因此，"3E"标准最早被称为绩效评价，但并非真正意义上的绩效评价。特别是，随着经济不断发展，绩效指标评价已经超出了"3E"标准框架限制，重点以"如何能客观有效反映评价对象的绩效"为轴，不断拓展范围。

严格来说，绩效是企业管理用语，却广泛用于政府管理上，指的是政府提供的有效公共服务与公共支出之比，即绩效是公共支出绩效或财政效率，包括有效公共服务和公共支出两个要素，与有效公共服务呈正相关关系，但与公共支出呈负相关关系。

一方面，绩效指向政府的有效公共服务。绩效的价值取向就是有效公共服务，也就是"办实事"，即由政府各职能部门提供的服务中得到了服务对象所认可的服务，即有效公共服务。这是因为：一是政府是向社会提供公共服务的机关，但由于政治、官员寻租、管理信息不透明或不对称、政府职责不清、官僚主义等缘由，导致部门间权力斗争、腐败、冗余服务、相互推诿、决策失误等无效服务，因此有效公共服务是政府总服务中去除无效服务后剩余部分。二是绩效与各政府部门的职能相关。各政府部门应各司其职，按各自职能分工提供相应的服务，例如，教育部门就应提供教育服务，而不是医疗服务，同理，医疗机构应提供预防流感等服务，而非义务教育等教育服务。需要注意的是，由于不同部门之间职能不同，提供的公共服务势必有所区别，所以绩效实践表达方式——绩效指标必是"一个部门、一套指标"。

另一方面，绩效与公共支出呈负相关性。绩效水平高低也决定于公共支出的多少，也就是说，在既定有效公共服务下，投入越多绩效越差，反之则绩效越高。需要注意的是，公共支出是决定绩效的因素，即若无公共支出，也就无从谈起绩效了，但政府部门一旦发生公共支出，就必须问效。之前，在经济处于高速增长阶段，政府官员受"唯GDP马首是瞻"的政绩考核体制驱使，以牺牲后代利益而不计成本的投入，经济低效增长同时造成生态环境恶化等，可谓劳民伤财。当前，绩效强调基于一套科学的绩效指标评价体系，促使政府公共支出获取有效公共服务，注重政府支出所能达到的实际结果。

综上所述，就政府而言，绩效理应是政府公共支出所能提供的有效公共服务，共同取决于两者的相对比例，其最本质就是"惠而不费"，其中，有效公共服务就是由政府所提供的服务中受到服务对象认可的服务。需要注意的是，绩效重评价而轻考核，这是由于考核通常是指上级对下级就所布置的工作进行核查或检查，即在已制定的工作任务或目标基础上，通过核查或检查方式，旨在搞清楚目标体"做了没有，做得如何"，偏重于过程。但评价是按既定的目标或标准，对某一部门的业绩和效果进行的评议，具有综合性和全面性，偏重于结果。所谓的过程与结果均是与时间相关的动态概念，但事物运动具有连续的动态性，既是某一时段的结果也是某一过程的起点，因而过程和结果也就成为到底"谁先谁后"的管理难题，直至逻辑分析法出现，将事物的运动分为投入、过程、产出、结果和影响五个环节，才得以破解此难题，如图 2 - 1 所示。

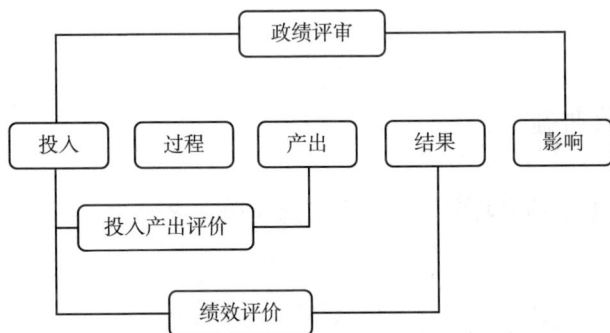

图 2 - 1　逻辑分析法中的过程、结果评价和政绩评价

结果也称为效果（也可理解为业绩），是人们应用产出而获得的利益或损害，产出与结果两者之间存在一个时间过程，即结果是社会对产出的应用而取得的有效服务，例如，建一个新展览馆是产出，但参观人员通过参观了解了城市的历史和文化传承等知识，是一种直接关系；影响也就是政绩，是人们对政府的总体感观印象，是结果的应用而产生的社会效果，是一种间接关系，例如，高速公路开通，促进休息区的营业发展就属于影响方面，而所增加的车流量则属于结果指标。因此，投入—产出分析是对投入、产出而言的，绩效评价是对投入、结果而言的，是对结果进行评价，用于说明"做得如何"，两者有本质差异。需要注意的是，绩效依赖于评价，无评价即无绩效，反之亦然，绩效是评价的结果，无绩效也就没有所谓的评价。此外，绩效评价的核心旨在回答"政府花的钱是否值得"，而政府部门的业绩需要有一定的财政投入为前提，并服从于边际效用递减规律，因此业绩与预算投入的相关性就成为选择绩效指标的基本要求，即政府若没有任何财政资金投入就不应该进行绩效评价。

第二节　绩效指标及其作用与特点

绩效评价核心在于绩效指标，但并非任何一个数值都可以作为绩效指标，而是能够在一定程度上刻画出被评价对象的某种特性，即要能够反映出所能达到的业绩值，具有测量作用、评价作用、导向作用、发现作用与预算作用等，并且主要具备属于指数、指向结果、通常是一个体系等特点。

一、绩效指标

绩效指标就是用来收集、测量和表达对象某方面的业绩值，但并非用来表达绩效分值。

第一，绩效指标旨在为满足政府绩效管理要求而设计。绩效分值需要通过绩效评分环节将效果或者业绩值转换为分值。这意味着，绩效评价由四个阶段组成：第一阶段是绩效数据的收集和测量，即按绩效指标的口径和要求，收集评价对象的相关数据，形成效果或者业绩值；第二阶段是绩效评分，即按既定方法，将各指标的效果值或者业绩值转换为绩效分值；第三阶段是统计汇总和分析，即按权值将各指标的绩效分值进行统计汇总，形成绩效总分值。基于以上三阶段工作，深度剖析绩效分值及其存在的差异，形成绩效报告。需要注意的是，绩效指标涉及顾客满意率等来自绩效评价对象之外的绩效指标数据，需要借助于满意率调查等统计方法来测量。因此，绩效指标既然是用于表达、测量效果值或者业绩值，即指标的质，也就是价值，就应由指标名称、计量单位和相关数值或是指数共同构成，必须符合统计学规则，即能反映出指标的量。

第二，绩效指标是用于动态地描述、测量评价对象的绩效状态。这主要是回答"政府支出都购买了什么？""政府支出的效果或者说业绩是否科学合理？"两个问题。因此，绩效指标体系的设计应当以能直接且充分回答以上两个问题为依据。这就需要构建多维度、多元化的指标体系构架，将各自独立的绩效指标组合起来，形成一套体系。

第三，绩效指标是政府实施绩效管理的核心和工具。无论政府绩效管理的环节如何设计，都离不开绩效指标，这是决定政府绩效管理成败的关键因素。因此，绩效指标的构建必须达到工具理性和价值理性统一。这就需要我们研究并掌握绩效指标的规律，做到有的放矢，达到事半功倍的功效。

第四，绩效指标是基于结果导向管理的指标。这有别于过程管理的工作指标或是"举例说明"等，即绩效指标是以指数方式描述效果或者业绩，旨在科学有效考核政府工作的成果。

二、绩效指标的作用

绩效指标主要具有测量作用、评价作用、导向作用、发现作用与预算作用。

第一，测量作用是绩效指标的基本作用，就是能够用于测量、反映被评价对象的绩效状态的工具。这就要求，绩效指标必须指向评价对象的效果或者业绩，即紧扣政府职能，提供有效公共服务，且应尽量以数据来表达效果或者业绩状态，实现最大化的量化，同时绩效指标设置应满足科学性、可操作性和管理上的有用性要求，确保数据来源的真实、口径合规及采集合法。

第二，评价作用也可称为价值判断作用。由于绩效指标既有"质"又有"量"，因此就具有评价作用，即可以通过绩效指标全方位、动态地反映被评者效果或者业绩状态，为绩效评分提供客观、真实的依据。此外，绩效指标指向的效果值或者业绩值，是计算绩效分值的唯一依据，即绩效评价必须按绩效指标来进行评分。还有就是，当单一绩效指标难以描述被评者效果或者业绩时，可以采用多元化指标，从多维度反映其效果或者业绩。

第三，导向作用是指绩效指标可以促进被评价者不断地发现自身的成绩与不足，促进改善管理。政府作为公共部门，涉及众多事务性工作，一旦有了与部门职责相对应的绩效指标，就为其工作提供了方向和目标，促使其围绕政府中心工作及绩效指标来安排各项工作，引导政府部门加强管理同时创新管理。此外，根据政府部门职责设置与其相对应的绩效指标，可以帮助政府部门明确服务方向和内容，通过持续的绩效评价将绩效指标内化为部门的绩效责任，并促使其将工作重心转向绩效指标的完成上来。

第四，发现作用是指政府部门可通过绩效指标的同行比较，或通过某一指标的历史比较来发现自己的成绩与不足，借此达到做长"长板"更能有针对性地补足"短板"。基于"信息孤岛"，政府部门多数情况下只愿肯定自身成绩，而不愿面对不足之处，而绩效指标将如实地反映出政府部门的绩效现状，发现成绩与不足，有助于促进政府管理工作走向高质量发展标准。

第五，预算作用是指绩效指标既是绩效预算的目标，也是编制预算的重要依据。绩效预算既是政府绩效管理的必备环节，也是预算法规定的预算编制方法。其中，绩效目标指政府部门或项目单位在编制预算时设定的预期达到的关键绩效指标的目标，即绩效目标隶属于绩效指标，而非另加的工作目标，但相较一般绩效指标而言，更强调预期目标。需要特别注意的是，绩效指标有助于帮助政府部门改变预算方向，将预算用于增进有效公共服务上。

三、绩效指标的特点

绩效指标主要具备属于指数、指向结果、通常是一个体系等特点。

首先，绩效指标属于指数。指数是统计学概念，是用于描述社会经济现象动态的相对数。运用指数就可以测定不能直接相加，或不能直接对比的社会经济现象的状态；分析社会经济现象变动中各因素的影响；研究各指标对事物本身及发展态势的影响。绩效指标包括指标名称、计量单位和相对值等因素，可以用简单的文字和数字组合，较为准确地反映对象的绩效特征，因此属于指数范畴。

其次，绩效指标指向结果。政府绩效管理通过绩效指标和绩效测量体现，这就决定了绩效指标应指向结果。这是由于，一方面，只有结果才能既满足绩效指标的价值判断和管理功能需要，在肯定政府部门、单位业绩的同时指出问题所在，而过程指标通常会陷入"多做还是少做，哪个更好"的无谓争论旋涡中。另一方面，只有结果才能满足绩效指标的可测量性、可操作性要求。其中，可测量性、可操作性是绩效指标的管理价值体现。过程管理中，由于过程具有连续性，即使发现问题，也往往会延期处理，导致无法对其进行评价。而绩效指标指向结果，是以已发生的有效公共服务、预算投入等事实为依据，既符合实事求是原则，又能通过结果还原事物过程，得出相应结论。因此，无论从可测量性、可操作性看，还是从绩效评价本身看，绩效指标都应是结果指标。

最后，绩效指标通常是一个体系。绩效指标可以是单一指标，但为全面有效反映评价对象特性，通常需要设置多个指标并形成体系。这是由于，政府所从事的公共事务多具有"看得见、摸不着"特性，故需要设置多个指标并形成体系，便于从多维角度全面描述评价对象的公共服务绩效状态。此外，鉴于公共服务的复杂性，应设置兼顾"质"与"量"多元化指标，全面考核公共事务的结果，同时将诸如"当年投入""积累性投入"等不同计量单位数据通过权数量化为可对比的指标体系。

第三节　绩效指标分类与公式推演

按照不同衡量标准，绩效指标可以划分为不同的指标类型，既可划分为通用指标与专用指标，又可分为结果指标与过程指标等，不同的指标类型具有不同的特点及适用对象。此外，基于绩效的定义，我们可以推演出绩效指标的理论公式及应用公式。

一、绩效指标分类

绩效指标按不同功能或目的可以进行多种分类，便于我们正确认识绩效指标，为建立规范、合理的指标体系提供依据，如表 2-1 所示。

表 2 - 1   绩效指标分类

分类依据	指标名称	指标内容	备注
按指标适用范围	通用指标	适用于大多数评价对象，具有一般性的绩效指标，例如，投入类、满意度等绩效指标	有利于减少绩效指标设计的复杂度，同时保持绩效指标之间的可比性
	专用指标	描述行业（项目）一定特性的绩效指标，仅能适用于本行业或项目的绩效指标，例如，教育服务等绩效指标	有利于凸显行业自身特性，进行行业对比分析，但其与行业或项目密切度较高，因此指标构建难度较大
按指标所处环节	结果指标	绩效指标定位于结果，用于描述公共资金的产出与结果（效果）的指标，即社会对产出的应用而取得的有效服务，例如，升学率等绩效指标，可分为结果指标与产出指标	有利于反映投入后所获得的效果程度，绩效指标应严格限定于结果环节，但特定情况下，无结果指标可用时，可谨慎选取影响环节但与结果存在因果关系的对象作为绩效指标。此外，对于工程类项目的绩效指标，应同时列示产出指标与结果指标，但结果指标占较高权重；对于非工程类项目，只列示结果指标
	过程指标	反映经济行为与行政行为过程的指标，例如，教育培训项目培训了多少教师等	由于绩效评价属于结果评价，通常禁止纳入指标体系，但其是获取结果的条件，且要通过绩效评价报告发现问题所在，而整改就要落实在过程上，因此过程也是绩效评价中必不可少的环节，有时也难免会极少量使用资金到位率等过程指标，旨在督促部门规范管理等工作
按指标性质	定量指标	能用数量或比例等具体数据来体现的指标	具有确定、灵敏、精确和可比等特点，代表着绩效指标的发展方向
	定性指标	以好中差等级次描述对象的指标，例如，满意率调查等绩效指标	有利于在无法获取有效数据情况下，依靠评价者判断，描述绩效状态，但主观性较强，故多处于辅助地位
按指标主次地位	主干指标	用于描述对象的主要绩效状态的指标	能较为精准地反映出事物特性、确定绩效状态，故所占权重较高
	辅助指标	用于辅助配合主干指标的指标，主要反映那些属于部门（单位）工作次要方面的相关指标	有助于全面反映部门（单位）的绩效状态，故是不可或缺的指标，但所占权重较低

资料来源：根据相关资料整理所得，2019 年。

二、绩效指标理论公式及应用公式

绩效来自效率，实质就是效率（E）在政府管理上的应用，而效率一般公式为：

$$效率 = \frac{有效收益或产出}{资源的投入或占用} \qquad (2-1)$$

其中，有效收益或产出（B）指有效而非无效收益，即你想获取什么，例如，达到工作目标或是获得利润率等。资源的投入或占用（I）指人力、土地等相应资源的投入或占用。

绩效（或财政效率，E_f）指标公式源于效率公式（2-1），基于绩效的定义，就政府管理而言，绩效公式的分子演绎为有效公共服务，而分母则指公共支出（或投入），即理论绩效公式为：

$$绩效 = \frac{有效公共服务}{公共支出} \qquad (2-2)$$

但公式（2-2）在应用中存在以下难题：一方面，有效公共服务（S_u）测量上存在难题。由于公共部门的有效公共服务往往并非单一指标，如毛入学率等教育规模子指标和生均财政投入区县差异系数等教育质量子指标都是描述义务教育绩效的，但因计量单位不同难以简单相加，也无法折合为某一标准值。此外，有效公共服务内涵上也通常存在差异，如教育部门整体绩效涉及中小学、职校和专科、大学等各类型学校，而各类型学校的有效公共服务内涵存在差异，因此难以将相关的统计数据简单加总。另一方面，公共支出（F）测量上存在难题。公共支出通常指当年预算投入，但有时为了正确地评价绩效，还得适当计算其条件，如帮助学生建立科学理念、增进知识的学校实验室多是历年投入的结果，但又是教育绩效不可或缺的部分，还有就是高校的国家实验室不仅是高校办学水平标志，而且其应用具有较大社会价值，但往往是那些配备国家重点实验室的高校，在获得国家课题上的机会要高于无实验室的高校，这就是绩效条件。但这些绩效条件是历年投入建设的，不能以简单相加的方式，与当年的拨款相对应，造成计算上的难题。针对这两方面难题，我们可以通过将公式（2-2）再深层推导下去，演变为公式（2-3），就可以进一步破解。

$$E_f = \frac{S_1 + S_2 + \cdots + S_n}{F} \qquad (2-3)$$

或公式（2-4）：

$$E_f = \frac{S_1}{F} + \frac{S_2}{F} + \cdots + \frac{S_n}{F} \qquad (2-4)$$

将公式（2-4）进一演化为公式（2-5）：

$$E_f = \frac{S_1}{F_1} \times r_1 + \frac{S_2}{F_2} \times r_2 + \cdots + \frac{S_n}{F_n} \times r_n \qquad (2-5)$$

其中，F_1，F_2，$\cdots$，F_i，$\cdots$，F_n 是公共资源投入，且 $F = F_1 + F_2 + \cdots + F_n$；$r_1$，$r_2$，$\cdots$，$r_i$，$\cdots$，$r_n$ 为系数；$\frac{S_i}{F_i}$ 为绩效指标。可见，若能满足 $\frac{S_i}{F_i} = \sum \frac{S_i}{F_i} \times r_i$，则公式（2-5）成立。公式（2-5）称为绩效指标应用公式，用文字表述就是：

$$业绩值 = 指标1 \times 权值1 + 指标2 \times 权值2 + 指标3$$
$$\times 权值3 + \cdots + 指标n \times 权值n \qquad (2-6)$$

或是公式（2-7）：

$$政府绩效 = \sum_{i=1}^{i=n} S_i \times r_i \qquad (2-7)$$

其中，S_i 指第 i 项的绩效指标；r_i 是与之相关的权值。公式（2-7）就是可以运用到绩效评价实践去的"绩效指标应用公式"，揭示了绩效的观念与管理之间的关系，解释了为什么绩效评价中指标体系均采用"加法"而非"除法"。需要指出的是，从"理论上的绩效"到"管理上的绩效"必须满足前提条件，即必须符合绩效指标建设的一般规则。一是当用于绩效评价时，绩效指标通常是由多维子绩效指标构成的一个体系；二是应符合指数化要求，采用定量描述，且绩效指标数据应尽可能来自被评价单位的管理信息；三是应通过赋予适当的权值来组成绩效指标体系，其中能反映绩效主要方面的指标，赋予较高权值，而次要的指标赋予较低权值，以此方式来向被评价者传达哪个指标最重要的信息；四是绩效评价实施过程中应采用历史法（通过与上年同类指标相比，来确定绩效指标的变化）、同业比较法（通过与省内、地区同业平均水平来确定绩效状态）、目标法（通过与绩效目标相比来确定绩效状态）等相应公式计算绩效值；五是绩效指标体系应符合"资源不转移"原则，强调客观性而非主观性，即不应将大多数人认为好的评价为差，将差的评价成好，导致公共资源转移。

第四节　绩效指标体系框架构建原则

不以规矩，不能成方圆。绩效指标也不例外，简单来说，绩效指标体系框架在构建过程中应遵循相关性原则、有效性原则、信度原则、可操作性原则、可导向性原则五大原则，才能全方位捕捉表征评价对象各方面的特性及其相互之间的联系，真正构成一个具有内在结构的有机整体。

一、相关性原则

事物在运动过程中必然受到各种因素影响，而不同的因素和影响方式，将改变其路径和结果，正如我们常说的"蝴蝶效应"，因此这些因素和事物结果之间存在着或正相关，或负相关，或不相关等相关性。绩效指标作为描述事物的绩效状态及其变化的因素，就政府部门而言，应紧扣有效公共服务和匹配性两端。一方面，"紧扣有效公共服务"是直接按预算项目的目的，或将能按定量标准来计量的部门职能直接设定为绩效指标分子，但若不能满足以上这点，则需要找到一个与之相关度最高的指数，作为评价指标。另一方面，指标的匹配性是指绩效指标与预算支出范围相一致，相互匹配，不能张冠李戴，例如，将医疗资金有关绩效评价指标运用到教育资金绩效评价领域就毫无意义。此外，构成绩效指标的分子、分母应高度相关，范围一致，在投入、产出上存在相关性。

二、有效性原则

有效性是衡量绩效指标统计质量的重要指标，应直观、明确地反映经济和社会发展效果，基础数据的取得成本应尽量低。一方面，绩效指标应当有明确的价值指向，即要指向具体的有效公共服务，而不应将非有效公共服务的因素纳入绩效指标体系中，从而误导评价结果；另一方面，绩效指标应尽量选用主要来自被评价的政府部门和业务工作或来自该项目管理的数据资料，较为简单、实用的支撑数据资料，降低绩效指标构建成本，促进预算支出管理的规范化。此外，绩效指标应体现公共服务的结果，而不是过程。

三、信度原则

这主要是指绩效指标应真实性、可量化性。一方面，每项绩效评价都必须以真实的事实为依据，数据具有可追溯、可回放性，即通过这些数据可回复对象的初始状态，而不能将臆想的或不可确定的事实作为评价依据；另一方面，绩效指标必须尽量应用公式和数据来建立绩效指标，以客观、精确地反映对象绩效状态，实现指标的可量化。

四、可操作性原则

可操作性是指绩效指标应体现行业特征，特别是所涉及的基础数据应出自被评价者统计资料等正规核算口径，并且还要符合容易采集、容易鉴别真伪等要求，不易将具有混淆性、不确定性、不易操作性的"效率性""经济效益"等抽象的、概括性词汇作为绩效指标。

五、可导向性原则

绩效指标虽然是以部门或单位的核心职能为主要考核内容，多数是围绕部门或单位预设的目标来设定，但事物是随着时代变化，在不断运动前进中发展，因此绩效指标应具有动态性，即要能够促进部门或单位"正向演进"，具有一定的前瞻导向，引导部门或单位走向稳健可持续发展路径。

第五节　绩效指标体系构建的方法

现如今，国内外的绩效指标体系主要包括平衡计分卡绩效指标框架、美国联邦政府项目评级工具（PART）绩效指标框架、我国财政部绩效指标框架、投入/结果绩效指标框架等多种方法，但各种方法各有侧重。

一、平衡计分卡绩效指标框架

平衡计分卡（balanced score card）是由美国哈佛商学院 L. 卡普兰教授和复兴方案公司总裁 D. 诺顿在 1990 年开发的绩效测评模式，经美国标准、苹果电脑、杜邦化学、通用电气等 12 家公司试点而成。平衡计分卡绩效指标框架以企业的战略和远景为前提条件，主要分为客户、财务、内部管理和学习与成长等多维度绩效指标，如图 2 - 2 所示。

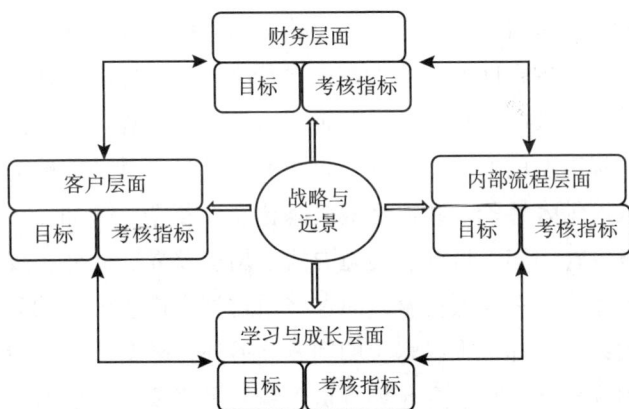

图 2 - 2 平衡计分卡绩效指标框架

注：罗伯特·卡普兰，等. 平衡计分卡——化战略为行动 [M]. 广东：广东经济出版社，2004.

第一，财务层面。财务是企业赖以生存的基础，主要针对股东而言，财务绩效指标可以显示企业的战略及其实施和执行能否有效改善企业盈利，通常是与获得能力相挂钩，主要涉及营业收入、资本报酬率、经济增加值等指标，也可能是销售额的迅速提高或创造现金流量，相关指标主要包括总收入、数据业务收入比率、总资产报酬率、报酬率等。

第二，客户层面。客户与市场是企业赖以生存的根本，主要针对客户提出，包括客户满意度、客户保持率、客户获得率、客户盈利率、目标市场的所占份额等。

第三，内部流程层面。这是从管理方面评价企业和员工，围绕着在哪些方面卓越而提出，主要考虑企业必须擅长什么，应该如何提高企业内部的资源效率，主要包括设计能力、设计水准、制造效率、流程周期、流程效率和安全性等。

第四，学习与成长层面。主要围绕企业是否能够持续改善和创造价值而提出的，即如果企业想达到长期的财务增长目标，就必须投资企业的员工、系统和程序等基础框架，可以划分为员工能力、信息系统能力、激励授权和协作三个主要范畴，主要包括新产品创意数量、骨干员工保留率、员工能力评估和发展、员工的品德等。

总体而言，平衡计分卡绩效指标框架主要是针对企业设计，推动企业绩效管理由原理走上实用，主要影响企业绩效的财务、内部管理、客户管理、职工进步等方面，旨在回答"企业绩效是什么""该怎么管理"等难题。但是，平衡计分卡绩效指标框架是针对企业而设计，管理目标只涉及能否生产出合格的且市场需要的产品，能否获得盈利，可见，其功能较为单一，难以简单应用于政府绩效评价。政府绩效管理比企业复杂，例如，一个部门所涉及的多项事务，在内容、目标、实施方式上均有差异。此外，政府还有许多约束条件，且还有许多专项资金，而这些项目将会产生怎样的效果，与部门绩效是什么关系等，都是难以解决的问题。另外，平衡计分卡绩效指标框架诸如内部管理等指标，对于企业评价员工绩效是必要的，但对政府来说，更需要的是评价各类公共事务的效果、服务能力的指标问题。因此，平衡计分卡绩效指标框架不能完全运用政府绩效评价。

二、美国 PART 绩效指标框架

美国 PART 绩效指标框架是指美国 2003 年由小布什政府实施的"项目评估分级工具"（program assessment rating tool，PART）的简称。美国早在 2003 年就颁布了《政府绩效与结果法案》（Government Performance and Results Act，GPRA），但由于联邦政府采用计划项目预算制（PPBS），以部门为评价对象，而非项目（战略）。克林顿政府对项目评价上，虽然采用了平衡计分卡绩效指标框架，指定由各部门自行设定绩效指标体系，但联邦政府当时有1200 多个预算项目，且都分散在近百个联邦机构内，再加上政府间"信息孤岛"所致信息不对称，致使绩效评价"花落"各个政府部门，出现多数项目评价"走过场"现象，更不要提用绩效评价结果来指导预算安排了。

对此，2003 年美国总统预算与管理办公室（OMB）推出了"按照更加严格、系统、透明的方式加强预算项目绩效管理"的项目评估分级工具 PART[①]，即行政管理计分卡，采用红、黄、绿三等级，分别代表"无满意结果""混同""顺利进行"，主要指向项目预算，在联邦政府级次上实施，用于即时评价各部门的预算项目绩效，旨在控制项目预算，加强对项目选择上的有效性，搞好政府绩效管理。PART 试图通过对一个（或一类）预算项目的目标、设计、规划、管理、成效和责任的指标化，进行全方位评估，以确定该项目或该类项目的有效性，淘汰无效的预算项目。

项目评估分级工具 PART 设有"项目的目标和设计""战略规划""项目管理""项目结果和责任性"4 个维度 25 个正式问项，同时还设有若干附加问项。被评价者通过书面回答所列问题，再由联邦预算办打分，确定其绩效状态。在操作层面，PART 绩效指标框架采用以部委打分为主的评价方法，即首先由各项目单位按 25 个指标准备书面材料，其次由各部委组织评价，最后交由 OMB 复评后，公布绩效评价结果。

总的来说，PART 绩效指标框架实质是针对项目的绩效能力评价，属于财务（审计）评价范畴，且将"绩效能力"与"绩效"相混淆，不具有政府绩效管理价值，因此被奥巴马政府所取缔。具体来说，从对象看，绩效可划分为政府绩效、部门绩效、政策（公共工程）绩效和一般项目绩效四个层次。克林顿政府所提出的 GPRA 是对各部门进行的项目预算，即简单地将各部门相关项目加起来进行整体评价，能够体现一定意义的部门绩效评价，因此虽然同样被取缔还是取得了一定成效。但是，PART 脱离了部门绩效评价主旨，将 1200 个联邦预算项目统统抓在 OMB 手中，并为此设计了一套通过的项目评价框架，却因"信息孤岛"而脱离部门绩效。此外，PART 采用了由单位按 25 个正式问项和附加问项写出书面报告，再由 OMB 邀请专家，按

---

① Guide to the Program Assessment Rating Tool（PART）—Research Gate［EB/OL］. ［2003－06－28］, http：//www. researchgate. net/publication_2003_06_28.

单位报告打分评价，这无异于传统的"总结报告"方式，特别是多偏向定性分析，较少使用定量分析，导致绩效评价结果可信度受到质疑。还有就是，PART 到底是用于项目的立项（前期）评价，还是对项目的实施结果（绩效）评价，并没有明确地界定清楚。项目的立项（前期）评价绩效指标重点应是项目的价值、可行性、预期的管理措施等，而项目的实施结果（绩效）评价绩效指标侧重实施结果与项目绩效目标的差异，以及项目使用后产生的实际效果等方面。具体来说，PART 指标体系框架前三部分是对项目可行性评估，而第四部分是对项目结果评估，如表 2 - 2 所示。

表 2 - 2　　　　　　　　　　　　　　PART 涉及的问题

分类	描述	编号	问题
项目目的和设计（20%）	主要评估项目目的是否明确以及项目设计是否完整	1.1	项目的目标是否清楚
		1.2	项目是否定位于一个特定的、现实存在的问题、利益和需求
		1.3	该项目是否多余或与其他联邦、州、地方或私人部门的项目重复
		1.4	项目设计中是否存在一些影响其效率和效益的缺陷
		1.5	项目设计是否具有清晰、有效的目标，以使资源能够直接满足项目目标并施惠于受益人
战略规划（10%）	主要评估项目是否设定了有效的年度和长期目标	2.1	项目是否具有一定数目的、具体的、关注结果并反映项目目标的长期绩效测量指标
		2.2	项目的长期绩效指标是否具有挑战性的目标和时间限定
		2.3	项目是否具有一定数量的具体的年度绩效指标以表明长期目标的实现程度
		2.4	项目的年度绩效指标是否具有合适的底线和有一定挑战性的目标
		2.5	项目的拨款对象、次拨款对象、合约人、成本分担人和其他政府合作者等所有的项目参与者是否都信奉项目的年度和长期目标并为其努力工作

续表

分类	描述	编号	问题
战略规划 （10%）	主要评估项目是否设定了有效的年度和长期目标	2.6	是否具有一定范围和质量的独立评估，且这种评估能够按照一定规则进行，并能够支持项目的改进和评估项目效益及相关的问题、利益和需求
		2.7	预算请求与年度和长期绩效目标的完成情况之间是否有清晰的关联，所需的资源是否以完全和透明的方式呈现在项目预算中
		2.8	项目是否采取了合理步骤来弥补其战略规划的无效性
		2.RG1	项目或机构发布的规章是否都符合项目所陈述的目标，所有的规章是否都清楚地表明这些规则是有助于目标实现的
		2.CA1	机构或项目是否已对替代品进行了最近的、合理且可信的分析，包括成本、计划表、风险和绩效目标之间的权衡（资本资产和服务取得类）
		2.RD1	如果可能，项目是否能评价和比较其所能带来的收益并与其他具有相似目标的项目进行比较（研发项目）
		2.RD2	本项目是否使用了优先顺序来指导预算请求和资金供应决策（研发类）
项目管理 （20%）	主要评估项目是否有效管理以满足完成项目绩效目标的要求	3.1	相关机构定期是否收集及时的和可信的绩效信息（包括主要合作人的信息），并用来管理项目和提高绩效
		3.2	联邦管理者和项目的拨款对象、次拨款对象、合约人、成本分担人和其他政府合作者等项目的合作者对成本、计划表和项目结果是否负责
		3.3	（联邦和合伙人）资金是否必须及时且用于既定用途
		3.4	在项目执行过程中，项目是否具备相关程序，如竞争性外包/成本比较、IT技术提高、适当的激励等一些程序来测量并实现项目的效率和成本有效性
		3.5	该项目是否与相关项目进行了有效的合作和协作
		3.6	项目是否推行了强有力的财务管理实践
		3.7	项目是否采取了合理的步骤以处理其管理中的缺陷

续表

分类	描述	编号	问题
项目管理（20%）	主要评估项目是否有效管理以满足完成项目绩效目标的要求	3. CA1	项目的管理是否保持了一个定义明确的可交付成果、能力与绩效特征，以及适当的、可信的成本与进度目标（资本资产和服务取得类）
		3. BF1	项目是否对受益人行为进行了监督，并充分提供了有关这些活动的信息（定额/公式化补贴项目）
		3. BF2	项目是否收集受益人年度的绩效数据并使之以透明而合理的方式公布
		3. CO1	补贴的获得是否基于一个清晰的、包含一个合格的价值评估的竞争性流程（竞争性补贴项目）
		3. CO2	项目是否对受益人的活动进行了监督以充分提供有关这些活动的信息
		3. CO3	项目是否收集到受益人的年度绩效信息并以一种透明而合理的方式使公众可以获得
		3. CR1	项目管理是否在持续的基础上进行，以保证信贷质量可靠、收付及时、所要求的报告完整无缺
		3. CR2	项目信贷模式是否充分提供了其可能带来的成本和风险方面可信的、连续的、准确而透明的估计
		3. RD1	对于研发项目而不是竞争性补贴项目来说，项目对资金的分配和管理程序的使用是否在保证质量的条件下进行的
		3. RG1	项目设计重大管制措施时是否寻求并采纳所有受影响各方（例如，消费者，大型和小型企业，州、地方和部落政府，受益人，以及一般公众）的意见
		3. RG2	该项目是否准备充分的、按照《12866 号行政命令》所需要的管制影响分析、根据《管制弹性法案》和小企业管制促进与公平法案（SBREFA）所需要的管制弹性分析、根据《非资助项目规则改革法案》所需要进行成本收益分析？这些分析是否符合 OMB 的指南
		3. RG3	该项目是否系统地评价了其现有的管制措施以确保所有管制措施在实现项目目标上的一致性
		3. RG4	管制措施的设计，为了实现项目目标，是否在具备实践性的条件下使管制活动的净收益最大化

续表

分类	描述	编号	问题
项目结果和责任性（50%）	主要评估项目是否达到长期和年度绩效目标，在独立评估的基础上评价该项目与其他类似项目相比的优势	4.1	在实现长期目标方面，项目是否已经显示出足够的进展
		4.2	包括项目合作人在内的项目是否完成了年度绩效目标
		4.3	在实现每年的年度目标时，项目是否显示出效率的改善或成本的有效性
		4.4	与具有类似目的和目标的项目相比，该项目是否更有益于其他项目，包括政府、私人项目等
		4.5	对于项目的规模和质量所进行的独立评估是否证明本项目是有效的且正在实现其结果
		4.CA1	项目化目标（和收益）是否以最少量增加的社会成本完成并且项目活动实现了最大化净收益
		4.RG1	项目目标的实现是否以最小的社会成本实现了最大化的净收益

注：表中编号所涉及的 RG1、CA1、RD1、RD2、BF1、BF2、CO1、CO2、CO3、CR1、CR2、RG2、RG3、RG4 等均表示项目。

资料来源：Guide to the Program Assessment Rating Tool［EB/OL］. (2003 - 06 - 28). http：//researchgate. net/publication.

三、财政部绩效指标框架

2009 年，财政部预算司根据我国绩效指标短缺、不规范的现状，在《财政支出绩效评价管理暂行办法》中，提出了"财政支出绩效评价指标体系（见表 2 - 3）"，并在 2011 年财政部《财政支出绩效评价管理暂行办法》中运用了该框架，旨在推动全国绩效管理。

表 2 - 3　　　　　财政部财政支出绩效评价指标体系（参考样表）

一级指标（分值）	二级指标（分值）	三级指标（分值）	指标说明
项目决策（20）	项目目标（4）	目标内容（4）	目标是否明确、细化、量化

续表

一级指标 （分值）	二级指标 （分值）	三级指标 （分值）	指标说明
项目决策 （20）	决策过程 （8）	决策（3）	项目是否符合经济社会发展规划和部门年度工作计划；是否根据需要制订中长期实施计划
		决策程序（5）	项目是否符合申报条件；申报、批复程序是否符合相关管理办法；项目调整是否履行相应手续
	资金分配 （8）	分配办法（2）	是否根据需要制定相关资金管理办法，并在管理办法中明确资金分配办法；资金分配因素是否全面、合理
		分配结果（6）	资金分配是否符合相关管理办法；分配结果是否合理
项目管理 （25）	资金到位 （5）	到位率（3）	（实际到位/计划到位）×100%
		到位时数（2）	资金是否及时到位；若未及时到位，是否影响项目进度
	资金管理 （10）	资金使用（7）	是否存在支出依据不合规、虚列项目支出的情况；是否存在截留、挤占、挪用项目资金情况；是否存在超标准开支情况
		财务管理（3）	资金管理、费用支出等制度是否健全，是否严格执行；会计核算是否规范
	组织实施 （10）	组织机构（1）	机构是否健全、分工是否明确
		管理制度（9）	是否建立健全项目管理制度；是否严格执行相关项目管理制度
项目绩效 （55）	项目产出 （15）	产出数量（5）	项目产出数量是否达到绩效目标
		产业质量（4）	项目产出质量是否达到绩效目标
		产出时效（3）	项目产出时效是否达到绩效目标
		产出成本（3）	项目产出成本是否按绩效目标控制

续表

一级指标 （分值）	二级指标 （分值）	三级指标 （分值）	指标说明
项目绩效 （55）	项目效果 （40）	经济实效（8）	项目实施是否产生直接或间接经济效益
		社会效益（8）	项目实施是否产生社会综合效益
		环境效益（8）	项目实施是否对环境产生积极或消极影响
		可持续影响（8）	项目实施对人、自然、资源是否带来可持续影响
		服务对象满意度（8）	项目预期服务对象对项目实施的满意程度
总分	100	100	—

资料来源：财政部：《财政支出绩效评价管理暂行办法》（2009），财政部官网。

表 2 - 3 是以预算项目为对象，按管理过程，设定了项目决策、项目管理、项目绩效三个大的绩效指标考核维度，再细分为项目目标、决策过程、资金分配、资金到位、资金管理、组织实施、项目产出、项目效果 8 项二级指标、20 项三级指标，如表 2 - 3 所示。

财政支出绩效评价指标体系（见表 2 - 3）已经成为我国当前应用最为广泛的绩效评价指标框架，但各个地方都因地制宜地进行了修改完善，更加突出地方自身特色，增加绩效指标可评价性、可操作性。但该框架还是存在不足之处：

一方面，表 2 - 3 主要围绕项目决策、项目管理和项目绩效三维度设定指标体系，但绩效指标体系还是以财务合规性为核心来架构，因而还是属于财务（审计）评价的指标。这就出现绩效指标并非客观描述对象的绩效状态，而是重点评价财务的合规性，再加上定性指标、过程性指标较多，导致客观判断过多，以及考核"无错"工作程序即可得分，而不看是否工作取得效果等方向性扭曲问题，最终偏离了绩效指标评价最初设定的目标，难以满足绩效评价的基本要求。

另一方面，表 2 - 3 与 PART 框架前三部分内容基本一致，即前者包括"项目决策、项目管理"，而后者包括"项目目的和设计、战略规划、项目管理"，可见二者只是最后一部分有所区别，即前者是"项目绩效"，后者是"项目结果和责任性"。可以说，表 2 - 3 比 PART 更进一步，试图指向绩效结果，但其所包括的项目产出适应于公共工程类项目评价，所具有的普适性较差。还有就是，表2-3中项目效果包括了经济、社会、环境和可持续4个方面，但实际绩效评价过程中，一般预算项目不太可能同时产生这4个方面效益，至多也就是1~2项效益。因此，这方面的绩效评价指标还需使用者"二次开发"，增加可适用性。此外，表2-3前两类指标是基于"我做得怎样"，而第三类指标是"效果如何"，可见指标体系逻辑思路不统一，特别是前两类指标多是定性指标、过程指标，即依据主观判断导致得分区分度不高，以及工作过程中"无错"就可以得分，反观，第三类指标偏定量指标，因此就会出现前两类指标较容易得高分，而第三类指标扣分多，导致绩效评价逻辑上前后不一致。

此外，需要特别注意的是，表2-3引导各级财政将重点放在一般项目评价上，虽然具有普适性，能够用于很多项目绩效评价，但难以解决"评不了、无法评、评价结果用不上"等难题，更不要说利用绩效评价结果，达到控制、优化预算安排的目的，因此还有待于进一步改革完善。

四、投入—结果型绩效指标框架

基于以上绩效指标框架经验，2005年马国贤在《政府绩效管理》中提出，我国可以按照平衡计分卡原理来构建绩效指标框架，并将江苏省财政的全省8000多所义务教育学校教育局、卫计委等15个部门列为绩效评价试点，然后再开发了20个行政部门绩效评价指标体系，都取得很好的反馈效果，切实有效解决了绩效评价指标设计上的诸多难题，如图2-3所示。

图2-3中，投入类指标主要是用于描述预算资金投入及管理效果的指标群，包括按受益人计算的人均投入水平、预算项目完成率、审计查处的有问题资金的占比。这些是通用性指标。产出和结果类指标主要是用于描述各部门、单位的职能，以及针对各行政部门管辖的公共事务而设置的量化指标。这些指标必须结合各部门的业务特点设计，因此也称为专用指标。"产出"指对工程投资所适用的指标，例如，工程完成率等，故若部门无工程性项目，就不必设置此类指标；"结果"是指各行政部门管辖的公共事务所产生的有效服务结果，通常包括质与量两个方面。服务能力类指标是指部门和单位实

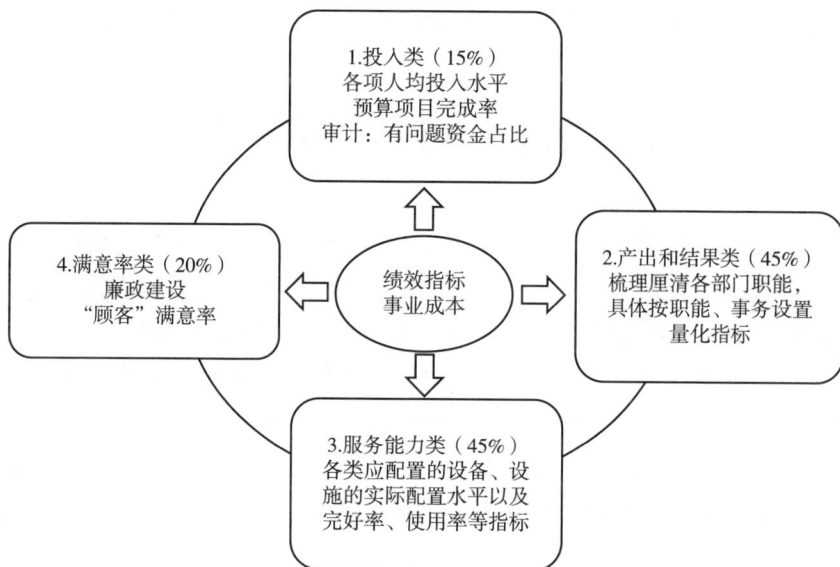

图 2 - 3　投入—结果型绩效指标框架

施公共服务时，本应具备的条件或能力，例如，中小学的师生比等工作人员配置指标、设备和仪器配置水平及完好率、使用率等指标。满意率类指标通常包括廉政建设指标和"顾客"满意率指标两个方面，例如，政务服务所获得的社会大众的满意率等。

　　总的来看，投入—结果型绩效指标框架既适用于各政府部门与各部门的下属单位，也适用于对公共政策和工程项目指标体系建设。其中，首先，投入—结果型绩效指标框架体现了花钱买公共服务，为"顾客"服务的公共价值观。其次，投入—结果型绩效指标框架能够结合部门职能或事务，将其独有的特征转变为绩效指标，特别是通过设备、设施的达标率指标等设置，为政府财政建立配备设备设施的标准提供了参考依据，同时也能够督促单位有效地使用设备设施，减少浪费，因此能够较好地体现结果导向管理要求，达到结果导向管理"以评促管"的要求。最后，投入—结果型绩效指标框架具有可替换性的模块式指标框架，可以根据具体绩效评价事项替换相应的指标，还可通过模块替换和信息共享机制，打通政府绩效考评与预算绩效评价两个平台，其结果可以为部门内部的全员绩效管理所用，督促部门为分担绩效责任压力，积极开展内部绩效管理，推动绩效评价管理稳健可持续发展。

第六节 绩效指标体系评价评分方法

绩效指标评价评分也就是绩效计分方法，就是获得了各绩效指标的状况和数据（业绩值）后，评价人将其科学、合理地转化为绩效分值的方法，旨在为评判评价对象的绩效状态，编写绩效分析报告提供依据的方法。这有助于将评价对象的各绩效指标的状况和数据（业绩值）顺利转化为绩效值，借以客观评判评价对象的工作业绩。需要注意的是，评价人应依据一致性标准、适用性标准、区分度标准，筛选因地制宜的绩效指标评价评分方法，才能达到有效成果。若所选定的初次方法不能满足这三个基本标准，就应及时调整计算方法。

一致性标准重在体现绩效指标评价评分的价值理性，是绩效指标评价评分方法的前提，就是说，按选定的绩效指标评价评分方法计算出来的绩效分值，应当与绩效指标的价值指向一致，同时还要与业绩值的变化相适应，从而表明两者具有高度相关性，再就是要与人们按常识判定的价值区间大体一致，而不能走向反面。适用性标准指的是，绩效指标评价评分方法应适用于对应的绩效指标，而不必要求其适用所有绩效指标，即评价同一对象的不同指标，可以采用不同的绩效指标评价评分方法，旨在更接近现实情况。其中，绩效指标评价评分方法重在简单、实用、有利于评分过程简单明了，通俗易懂，很容易为社会大众所普遍接受。区分度标准蕴含的意思就是，绩效指标评价评分方法不仅应与绩效指标的价值指向保持一致，而且还要能够灵敏地反映指标绩效值变化所带来的评分结果变化，这样才能更接近评价对象最真实的绩效状态，更能通过绩效分值变化发现问题，顺藤摸瓜，找到根源所在，提出针对性政策建议，推动评价对象提高工作实效性。可见，适用性与区分度是绩效指标评价评分方法的技术标准。

一、标杆法

绩效指标评价评分标杆法，简称标杆法（benchmarking），是基于目标管理的绩效指标评价评分方法，始于企业绩效管理，最初就是企业通过筛选策略，将优秀企业作为标杆，分析其主要考核指标，再通过与本企业的各项考核指标对比，找出两个主体之间的差距所在，筛选最优策略的方法。其中，绩效指标评价评分标杆法就是企业对照最强竞争对手的有关指标，对自己的产品、服务和实施过程进行连续不断的衡量和改进，达到提升自身管理和绩效的方法。就政府而言，标杆法就是通过行业内比较，先确定一个业绩为"优"的单位为"标杆单位"，以其各项指标为"标杆指标"，再通过评分，即比较标杆单位与样本单位各项指标，确定其各指标分值，并以此确定样本单位绩效状态的做法。

标杆法事先确定标杆单位，并以此为样板，将其各指标数据设为"业绩标杆值"，以此为依据评价所有样本单位。同行业内不同单位的绩效值数据和管理方式具有可比性，因而符合绩效评价的价值比较原理，而且具有方法直观、评价成本低、评价结果说服力强等优点，成为当前许多国家采用的方法之一，具有一定价值。

但是，随着政府绩效评价工作的不断深入，标杆法在政府绩效评价实践过程中凸显出一定局限性。一方面，适用范围有限。标杆法较适用于"多对象评价"类项目，而不适用于"一对一评价"类项目。然而，政府绩效评价既有"多对象评价"，又有"一对一评价"，其中，"多对象评价"指政府主管部门对同类对象的绩效评价，例如，市教育局对实施义务教育的中小学开展绩效评价，其一般具有两方面共性：一是目标、服务范围、工作方式等评价对象方面具有共性；二是指标的适用性广泛，采用同一套指标。"一对一评价"指对象单一的评价，例如，政府对各部门的绩效评价和对预算项目的绩效评价，就是对单一对象的评价，与"多对象评价"有所不同，其目标、服务范围、工作方式等评价对象方面个性强、共性差，同时绩效指标需要"量身定做"，一套绩效指标只适用一个对象，难有可对标的"标杆"。另一方面，受样板性的限制。即使"多对象评价"依据一定标准筛选出"标杆单位"，但这些筛选标准并不一定都会得到所有评价对象的认可，例如，对实施义务教育的中小学开展全面绩效评价时，某市教育局推荐作为"标杆单位"的中小学都是政府在拨款、师资、设备设施等方面的条件远比其他学校优越的"重点学校"，以此类"标杆单位"作为绩效评价标准，进行绩效评价势必是有失公正性，难以被众多学校所接受。特别是，虽然"标杆单位"有许多指标表现优秀，但并非各个指标都是好的，再加上我国教育管理体制导致公共资源向样板学校倾斜，因此全面采用"标杆单位"各项指标的业绩值，并将其作为"极值"有失公正，甚至会成为某些政府部门或是官员的政绩考核的政治工具，完全丧失绩效管理意义。

综合来看，标杆法对绩效评价指标评分是基于"某个设定的标准"做出的比较，彰显了绩效评价就是价值比较的理念，因此体现了绩效评价原理。但由于存在适用范围和样板性限制的不足之处，导致标杆法难以在我国政府绩效评价中大面积推广适应。

二、主观评分法

基于标杆法的不足之处，我国主要采取主观评分法作为其替代方法。主观评分法实质上就是专家凭借自己多年从业经验进行主观打分。这种方法具有很大的自由裁量度，因此主要适用于因数据不足而无法进行量化的定性指标，主要分为 O/A 计分法和减分计分法两种。

O/A 计分法就是按照"只要做到了预先设定的绩效评价指标评分前提条件，且没有任何问题，就通过"的思路来评判给分，正如 PART 框架中事先设定有关绩效评价指标评分的一些问项，由项目负责人通过回答"有或无"来确定项目绩效。例如，财政部财政支出绩效评价指标体系中的"项目目标"中就涉及，若被评价对象能够提供该项目的可行性报告和项目目标，就可以获得相应的预设的绩效分值，而不用进一步评判可行性报告是否可行，以及项目目标价值的大小。

减分计分法是对该项绩效指标"以完满得全分，有不足的扣分至扣完"的评分思路方法。相比 O/A 计分法而言，减分计分法将质量作为一定考量因素纳入评分，赋予评价人一定的自由裁量权。例如，财政部财政支出绩效评价指标体系中"项目目标"指标的评分规则中就设有"项目绩效目标合理、有效"评分项，评价人可以根据项目绩效目标合理、有效的程度，给予适当的分值。

整体来看，主观评分法主要依靠专家评分，来自专家经验评判，不需要数据支撑，同时也不用事先准备大量基础参考资料，因而简单明了。但是，这也反映出主观评分法的不足之处。一方面，主观评分法存在指标的逻辑不合理性问题。指标的逻辑性就是指，绩效指标建设应紧扣公共服务，符合相关性原则，保持绩效指标之间和谐一致。具体而言，科学的绩效评价需要论证充分，即要以充足论据来支撑所得出的评价观点。但主观评分法是依据项目评价专家的经验进行评判，设定为定性指标，且在具体评价预算项目绩效时存在"忽略质量"等问题，多是专家凭经验"感觉"打分，毋庸置疑，导致随意性很大，容易出现打分结果与实际脱节，区分度差，例如，"项目绩效目标合理、有效"评分项，就难以具体说明到底评价得 1 分与 3 分之间的差距所在，最终出现"说你行就行，说你不行就是不行"，但没有具体的理据支撑，难以服众。

三、量化评分法

量化评分法就是按规则评分，将绩效指标的业绩值量化，而非"凭专家感觉"打分，主要涉及绩效指标、绩效指标权重、业绩值、绩效分值等概念内容。其中，绩效指标指含有价值指向的数据或指数，应包括指标名称、计量单位、指标数值三大要素，例如，义务教育普及率、森林覆盖率等。绩效指标权重指在一定指标体系中某一具体指标所占的百分值，就是按照该指标在指标体系中重要程度赋予该指标的权值，是构成绩效指标体系的关键。业绩值是基于产出或结果对某一指标的测量结果，也就是测量值或实际值，既是对部门服务或项目的业绩总结，又是评分依据，主要来自评价对象的会计、统计信息及其他外部信息。绩效分值是按某种规则计算出的实际分值。各个指标的绩效分值加起来，就可以获得该评价对象的绩效总分值，也就所说的绩效值。例如，如果某市的高中教育普及率为 75%，而绩效目标的普及率为 100%，那么在总分值为 10 分的前提下，该市"高中教育普及率"指标的绩效分值就应是 7.5 分。量化评分法主要包括历史评分法、同业平均法、目标评分法、正态分布法等方法[①]。

---

① 马国贤，等. 政府绩效管理与绩效指标研究 [M]. 北京：经济科学出版社，2017.

（一）历史评分法

历史评分法就是通过以往同类指标的计算，获得本年绩效分值的评分方法，例如，可以用上年同期的业绩值，也可以用3年或5年甚至更长年限的同类业绩值的年平均值。也就是说，我们是以被评价人的该指标的往年业绩值为参考，通过比较本年业绩值与往年值，从而确定该指标本年的业绩值。一般来说，历史评分法包括以下几个步骤：

首先，断定该指标的参照物、中性值和振幅。其中，参照物是指本单位业绩值上年同期数，或是3年/5年甚至更长年限的同类指标业绩值的年平均值。中性值是指根据确定业绩值的中间点，通常为68%～78%，也就是说，如果总分值是10分，那么该指标当年业绩值达到往年水平时，就可以获得6.8分或7.8分。振幅是指该指标本年业绩值可能的上下浮动的区间，一般是处于5%～8%范围。也就是说，如果样本的本年业绩值落在此区间，就属于正常状态，反之，就属于非正常状态。例如，如果该项指标的中性值设定为78%，浮动区间为5%，那么相应的极分值就是 $[78\% - (100\% - 78\%)] \times 100\% = 56\%$ 和 $[78\% + (100\% - 78\%)] \times 100\% = 100\%$。

其次，计算公式与计算方法。绩效分值具体的计算公式是：

$$绩效分值 = [中性值 \pm 超过（或低于）上年业绩值的分值] \times 指标权重 \tag{2-8}$$

$$超过（或低于）上年业绩值的分值 = 单位振幅系数 \times \left(\frac{本年业绩值 - 上年业绩值}{上年业绩值} \right) \tag{2-9}$$

$$P_v = [K + (P_1 - P_0)/P_0 \times d] \times R \tag{2-10}$$

其中，P_v 代表指标的绩效分值；R代表指标权值；K代表中性值；P_0 代表上年的业绩值；P_1 代表本年的业绩值，且 $\frac{P_1 - P_0}{P_0} \leqslant 5\% - 8\%$；d代表单位振幅系数，且 $d = (1 - K)/D$，D代表振幅系数。

例如，若某项指标的权值R为10%（10分），其绩效值上年 P_0 为10，本年 P_1 为10.6，中性值K为78%，振幅区间为±5%。计算绩效分值。

根据该指标的中性值K为0.78，振幅为±5%，可以得知，若 P_1 比 P_0 增长8%，则绩效分值将获得100%，即10分；若 P_1 比 P_0 降低8%，则绩效分值为 $[78\% - (100\% - 78\%)] \times 100\% = 56\%$，即 $10 \times 56\% = 5.6$（分）。

单位振幅系数为：

d = (1 - 0. 78)/0. 05 = 4. 4

该指标的绩效分值为：

$$P_v = \left[0.78 + \frac{(10.6 - 10)}{10} \times 4.4 \right] \times 10 = 10.44 \text{ （分）}$$

可见，历史评分法操作性强，计算过程简单直观，且指标的绩效分值与业绩同时升降，反应灵敏，具有一致性，特别是可以由计算机来实现绩效评分工作，在我国得到了广泛推广应用。但也可以看出，历史评分法存在指标与上年业绩挂钩过于紧密的不足。

（二）行业评分法

这与历史评分法原理相同，有所不同之处就是将其业绩值的参照物由上年值或 3 年甚至更长年限的年平均值，改为全省或全市的平均水平等，试图减少对绩效指标历史值依赖过大的不足。需要注意的是，参照物一般不选择"全国平均水平"，这主要是考虑历史、民族、地域等因素，我国区域管理存在较大差异，因此很容易就会造成绩效分值偏颇异常现象，因此以全省或全市的平均水平等为参照物较为合理。此外，为提高绩效评价的灵敏度，需要对各参数做适当调整，如将中性值降为 0. 68，将振幅系数扩大至 20% 等，旨在腾出反映度的绩效分值空间。还需要注意的是，一旦确定了以本市平均数为参照对象，那么就应固定下来，每年都以此为参照物，否则一变动参照物，那么本年的业绩值与上年就不具有可比性。行业评分法具体计算公式为：

$$P_v = \left[K + (P_1 - P_0)/P_0 \times d \right] \times R \qquad (2 - 11)$$

其中，P_v 代表指标的绩效分值；R 代表指标权值；K 代表中性值；P_0 代表行业平均水平的业绩值；P_1 代表本年的业绩值，且 $\frac{P_1 - P_0}{P_0} \leqslant 20\%$；D 代表振幅系数；d 代表单位振幅系数，且 d = (1 - K)/D。这里所涉及的具体绩效指标的计算可参照历史评分法。

可见，行业评分法具有历史评分法的优势与不足之处，同时，由于上年值是由评价单位自己设定的，在连续评价下，随着时间不断前行，基数会逐年提高，进而也会与历史评分法一样，引发"鞭打快牛"问题，需要适时调整所设定的参数等因素，达到科学评判及正确引导的目的。

（三）目标评分法

这是按部门申报项目时已经承诺的绩效目标来评价其结果，既是对部门履职的考评，也是对公共支出绩效的评价。按 2018 年修正的《中华人民共和国预算法》第三十二条第二款的规定："各部门、各单位应当按照国务院财政部门制定的政府收支分类科目、预算支出标准和要求，以及绩效目标管理等预算编制规定，根据其依法履行职能和事业发展的需要以及存量资产情况，编制本部门、本单位预算草案"。这说明，部门、单位编制的预算应含绩效目标，既然部门、单位有了绩效目标，财政部门就应该按绩效目标配置预算。只要绩效目标是适当的，就应该可以作为绩效评分的依据。因此，目标评分法适用于部门、单位的绩效评价。目标评分法的基本公式为：

$$P_v = \left[1 - (P_1 - P_0)/P_0 \right] \times R \qquad (2-12)$$

其中，P_v 代表指标的绩效分值，且 $P_v \leqslant R$；R 代表指标权值；P_0 代表绩效目标值；P_1 代表实际业绩值。这就是说，若部门、单位或预算项目的绩效指标实际业绩值达到了绩效目标值，那么该项指标就得全分。若业绩值超过目标值的，超过部门不计分。若低于目标值的，则按比例进行扣分。

例如，某市教育局的绩效目标中，中小学生的近视率不能超过 5%，该指标的权值为 20 分。在年终绩效评价时，问题一，若该市教育局的中小学生的近视率为 3%，较好地完成了绩效目标。试计算一下该市教育局此项绩效评价指标的绩效分值；问题二，若该市教育局的中小学生的近视率为 6%，试计算一下该市教育局此项绩效评价指标的绩效分值。

问题一：$P_v = 20 \times \left[1 - \dfrac{0.03 - 0.05}{0.05} \right] = 20 \times (1 + 0.4) = 28$（分）

考虑到该绩效指标最高值为 20 分，所以 P_v 的最终值为 20 分，而非 28 分。

问题二：$P_v = 20 \times \left[1 - \dfrac{0.06 - 0.05}{0.05} \right] = 20 \times (1 - 0.2) = 16$（分）

由于该绩效指标超过了绩效目标 5%，所以 P_v 的最终值为 16 分。

可以看出，目标法能够反映出绩效目标与绩效评分之间存在着正相关性，且能较灵敏地反映出两者关系，具有一定的适用性。此外，为了进一步提高绩效指标目标评分法的区分度，使其更具有灵敏性，可以采用直线分段法和二元二次方程法等。

一方面，直线分段评分法基于二元一次方程的目标评分法。实质上，无论是历史评分法、行业平均值法，还是目标评分法，都属于二元一次方程，该评分方法的灵敏度高低取决于斜率。

例如，纵轴为绩效分值 P_v，横轴为业绩值 P，具体公式为：

$$P_v = aP + b \qquad\qquad (2-13)$$

其中，假设 b 取一样的值，我们再进一步设定两个斜率不同的方程式，假定 $a_1 < a_2$；两个斜率与截距都不相同的曲线，且 $b_1 < b_2$：

从图 2-4、图 2-5 中可以看出，在截距一样的前提下，斜率数值高的曲线的区分度高，反之，斜率数值低的曲线的区分度低。此外，在斜率不同前提下，截距越大的曲线的区分度越高，反之，截距越小的曲线的区分度越低。需要注意的是，为提高 B 段的斜率空间，一般将 A 可放低到标准斜率的 2/3。

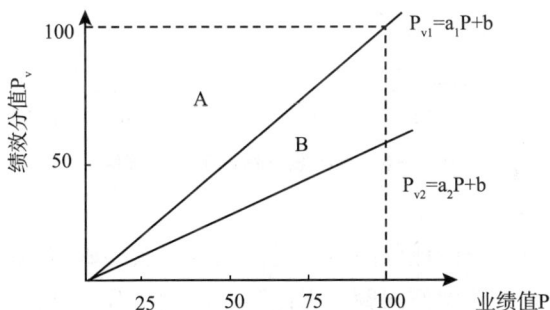

图 2-4 评分公式的区分度与斜率

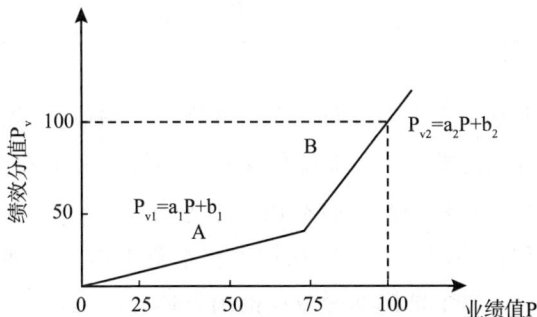

图 2-5 分段评分公式的区分度与斜率

另一方面，二元二次方程法，也就是通常所说的抛物线方程法，就是利用二元二次方程原理和同一抛物线下不同阶段的斜率不同的特点设计的绩效评分方法。二元二次方程的公式为：

$$Y = aX^2 + bX + c \qquad (2-14)$$

从图 2-6 中可以看出，随着绩效指标的业绩值增加，绩效公式斜率也在提高，也就是说，当评价对象的业绩值越拉近目标值时，其斜率就越高，对被评价人的绩效鼓励作用也就更显著。

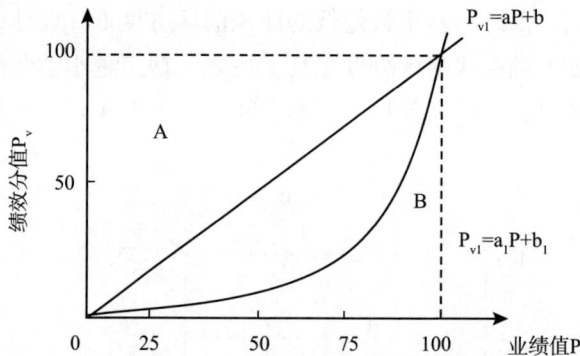

图 2-6　抛物线方程法下的区分度

整体来看，直线分段评分法与二元二次方程法要确定斜率与截距，所以存在一定随意性且透明度低问题，因此除非经过充分论证，同时项目委托方认可才可以运用。一旦使用了该方法，就应当固定下来，以保证不同年度的绩效评分方法一致，确保绩效评价结果的可比性。

（四）正态分布法

绩效评分一般都符合正态分布，即得分高的业绩值与得分低的业绩值是少数，分布在曲线的两端，多数业绩值是处于曲线中间分布区域，因此绩效评分是可以用正态分布来刻画，而不是卡方等函数来刻画。具体来说，正态分布通过对样本对象的统计，可以在较大样本范围内，特别是随机取样中，通过概率统计函数，以个别样本函数反推出整体样本函数，进而找到正态分布曲线的中间点 μ 和方差 σ^2，从而形成绩效分值的分段计算公式，破解业绩值评分过程中的一些难题。正态分布的公式为：

$$f(x) = \frac{1}{\sqrt{2\pi}\sigma}e^{\frac{(x-u)^2}{2\sigma^2}} \qquad (2-15)$$

正态分布是一种数学描述，可以解决我们平时由于缺乏数据支撑，而引发决策随意性问题。通过对样本的正态分布研究，我们可以发现事物内在变化规律，解决参数设置等难题，借以改善历史评分法、行业评分法、目标评分法等的区分度。对此，我们应首先界定正态分布使用的前提条件，就是样本值数量要足够多，反之，再加上评价对象不多，也就 6~10 个，那么业绩值的区分度较明显，就不适宜采用此法。

具体计算过程是：第一步，通过概率统计函数，找到正态分布曲线的中间点 μ 和方差 σ² 后，按通常调研总结经验的基础上，将中间点值设为 0.76 处，将 μ+2σ 定义为 1，即通过有 95.45% 的样本值集中于 μ-2σ 与 μ+2σ 区间，而超过 μ+2σ 的通常为特例，我们再进一步计算出 μ±σ，μ±2σ，μ±3σ，…各个拐点处业绩值所对应的通常经验下的绩效分值 Y_1，Y_2，Y_3，…，如表 2-4、图 2-7 所示；第二步，按分段计分法，将各个拐点处业绩值所对应的绩效分值分别代入二元一次方程 Y=aX+b，计算出各分段所对应的斜率和截距，形成与之相对应的分段计分公式；第三步，按分段计分公式，计算出各学院的绩效分值。

表 2-4　　　　　　正态分布业绩值各个拐点值及相对应的绩效分值

业绩值 P_i	赋予的绩效分值 P_v（%）
μ	76
μ+1σ	88
μ+2σ	100
μ+3σ	64
μ-1σ	52
μ-2σ	38
μ-3σ	25
…	…

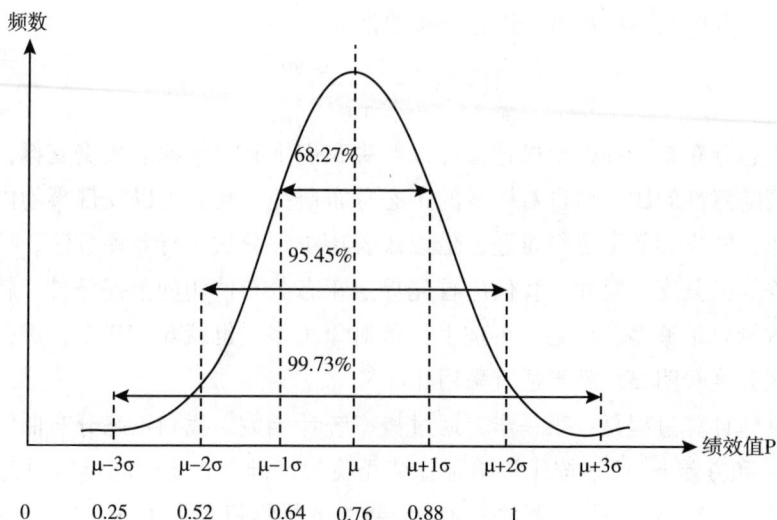

图 2 - 7　正态分布下的绩效评分

第七节　绩效指标体系构建的价值理性——"一观三论"

"一观三论"是绩效指标构建的价值理性,是用于选择的判断绩效指标的重要理论,最早是马国贤在 2005 年专著《政府绩效管理》① 中提出的描述绩效管理规律的理论,指花钱购买公共服务的理财观、公共委托代理理论、结果导向管理理论和为"顾客"服务论。

一、花钱购买公共服务的理财观

预算观实质就是政府理财观,即在市场经济下,政府是公共服务提供者,且由预算"购买",但依据资金发展效力不同,可以分为"养人预算""办事预算""绩效预算"。其中,"养人预算"就是政府拨付一定款项,养活若干人,而至于这些人获得预算后做什么,则不在考虑范围之内;"办事预算"是除养活若干人外,还提出了若干需要完成的项目;"绩效预算"是政府花

---

① 马国贤. 政府绩效管理 [M]. 上海:复旦大学出版社,2015.

钱"购买"有效服务，即政府应当提供有效服务（惠），而不增加公共支出。作为一种理财观，"花钱买服务"主要指政府花钱购买了多少有效服务？与花去的支出相比，政府购买的服务是否值得？"花钱买服务"是政府在市场经济下的基本理财问题，已经被西方国家普通接受，同时，李克强总理2013年在国务院常务会议上指出，政府通过向社会力量购买公共服务，加强市政地下管网建设和改革、污水和生活垃圾处理及再生利用设施建设、地铁与轻轨等大容量公共交通系统建设、城市桥梁安全检测和加固改造、城市配电网建设、生态环境建设6项城建重点任务①。

因此，"花钱买服务"是普适的公共理财观，也是建立绩效指标体系的基本依据。另外，预算的目的是"购买"公共服务，评价预算的标准应是绩效，无论是公立机构还是民营机构，只要拿了政府的钱，就应当评价其提供的有效服务的质量和数量。绩效评价指标就应当围绕着部门的职能和政策目标设计，看其是否存在预算资金利用低效甚至无效问题。基于绩效评价结果，同等预算投入下，凡是能提供更多有效服务的政府部门或单位具有预算优先权，即应当优先获得拨款，多购买或先购买，但对于花钱却不能获得有效服务的政府部门或单位，或花钱与获得的有效服务不相称的，财政都应当停止拨款，而将钱用于更有绩效的支出上。

还有就是，与花去的支出相比，政府购买的服务是否值得？这实质是我们通常所说的"货比三家"：从需求看，若事必须办，那么只要事办成，花多少钱也是值得的，反之，若事不必办，那么花一分钱也不值得；从可行性看，必须办的事应事先做好可行性调查，若只有唯一路径，那么花多少钱都是值得的，但如果还有更好、更省钱的路径，那么所花的钱就是"部分值得"；从对标看，如果与其他人相比，花了与别人一样多的钱，获得了同样多的有效服务，就是"基本值得"，如果花去与其他人同等的钱，却获得更多的有效服务，或获得同等的有效服务，却花更少的钱，那么就是"值得"的。

二、公共委托代理理论

公共委托代理理论指的是以契约方式，委托人将管理权授予经营者（代

---

① 国务院.国务院推进政府购买公共服务［N］.齐鲁晚报，2013-08-01.

理人），并支付相应费用，但代理人虽有经营责任，却不改变资产属性，而且忠于委托人利益的制度。基于该原理，英国在19世纪创立了以所有权与经营权分离为特征的公司法。公共委托管理源于商业委托代理，主要包括三层次内容：一是在政府与人民的关系上，政府的行政权力来自人民委托，是人民福祉的受托人。正如法国学者 L. 卢梭在《社会契约论》中提出的建立基于"公意"的共和国，将公共委托代理用于解释政治制度上，即政府职能来自人民委托，宪法是委托协议，同时人民将公共事务管理权授予政府，旨在增进福祉（公共利益），同时在公共事务管理上，人民是委托人，议会是委托人代表，预算是纳税人委托政府管理的钱，其产权属于人民。二是在上下级关系上，下级政府职能既来自法律授权，也来自上级政府委托，因此下级政府既是法律的实施者也是上级政府的代理人。三是在政府与部门关系上，部门并非与生俱来，而是基于委托代理的产物，即政府将某些公共事务委托给某组织，该组织就具有了权力与责任，成为能代替政府行使某些职能的政府行政部门。正如科斯在《企业之性质》中提出的"交易成本理论"，指出交易成本是制度变迁的动因，即公共委托代理可以使复杂的政府管理简单化，降低制度成本，提高效率，进一步深化了 L. 卢梭的理论，将公共委托代理理论拓展到第二层次的多级政府间委托代理关系和第三层次即政府与部门委托代理关系的理论。

随着西方的公共委托代理理论的广度与深度不断演进，学者们研究发现，公共委托理论还存在不足之处，即上下级政府之间、政府与部门之间都存在着程度不同的信息不对称问题；委托人与代理人之间存在着利益不一致问题，导致受托人采取"逆向选择"和"道德风险"等机会主义行为，意在扩大自身利益，同时损害委托人的利益。因此，委托人就有必要建立监督机制，当发现代理人出现不诚信行为时，提出警告或停止委托，进而催生出了绩效评价，即基于结果构建一套监督制度体系。可见，公共委托代理是建立绩效评价和政府绩效管理制度的依据，包括人民与政府、上下级政府、政府与部门三种基本的委托代理形式，因此必须建立与之相适应的政府绩效管理制度，如表2-5所示。

表 2 – 5 公共委托代理的形式与绩效评价

公共委托代理人	委托人	代理人	绩效评价对象	绩效评价形式
人民与政府	人民	政府	全部预算和整体绩效	政府整体评价
上下级政府	上级政府	下级政府	全部预算和整体绩效	政府整体评价
政府与部门	本级政府	部门	全部预算和整体绩效；政策项目预算和绩效	部门整体评价；政策评价
部门与下属单位	部门	单位	单位预算和绩效；一般项目预算和绩效	单位整体评价；一般项目评价

资料来源：马国贤. 政府绩效管理与绩效指标研究［M］. 北京：经济科学出版社，2017.

三、结果导向管理理论

结果管理也称目标—结果管理，由目标管理引起，其最早源于西方 20 世纪 80 年代的"新公共管理运动"，是与过程管理相对应的公共管理模式。其中，过程管理是统治型政府的基础，是以权力为中心，以命令—执行为特征，领导对下属的指挥、控制和监督的行政管理方式，通常只关注实物目标、过程两个环节。但结果管理则不同，指委托人通过设定事前目标、授权和结果评价，将管理过程委托给部门和单位的模式。基于委托代理理论，政府绩效管理采取目标—结果导向的公共管理模式，发挥导向作用，只要能依法完成绩效目标，就做对了事情，旨在鼓励人们充分应用现有资源下制度创新，形成了目标—结果导向管理模式。需要注意的是，与过程管理的实物目标有所区别，目标—结果导向管理模式中，"目标"指价值目标、结果目标，而非具体的实物目标。

目标—结果导向管理模式内容主要包括：首先，确立预算的绩效目标，即预算应当达到的预想结果，按"花钱买服务"原理及事业成本考虑，计算出政府应当花费多少钱，形成绩效预算，而绩效预算应经过是否符合所设定目标及所需钱是否合理的审查后，才能通过既符合设定目标又属于合理花费的预算。其次，应遵循按绩效优化预算分配，即优先安排绩效高的预算，停止对有效公共服务为零的无绩效项目的拨款。最后，应由部门来实施绩效预算，而财政部门不仅需要监督实施预算，而且还要防止贪污、挪用和浪费。

需要注意的一个环节是，项目完成后，还应通过绩效评价确定结果所达到绩效目标的程度，验证"所花有所值"，并为来年有效安排预算提供依据。

四、为"顾客"服务论

绩效预算中"为'顾客'服务论"就是为公共服务的受益人服务。这既明确了政府要使"为民服务具体化"的服务目标，又为设定绩效目标提供了依据，有助于去掉繁冗且无效率的服务项目，还能够以此为依据，促使财政资金由供给保障向"有效供给"转变。需要注意的是，由于部门之间"信息孤岛"，导致信息不对称问题，进而居民只能感知有限的甚至较为短视的政府服务，出现对科技发展、国防等国家重大利益的公共服务难以感知，更不用说评价了。因此，满意度指标很重要，但也只是组成绩效指标体系的一部分，而非全部内容。

总之，政府绩效管理集社会科学几乎所有成果为一体，但只有"一观三论"才能既体现出政府绩效管理原理，又能凸显出绩效指标的核心理论所在，成为政府绩效管理的"灵魂"，夯实政府绩效管理的基础和平台。

第三章

制造业高质量发展内涵及其 "一观三论" 绩效观

习近平新时代中国特色社会主义思想强调经济高质量发展关键是要着力加快构建实体经济、科技创新、现代金融、人力资源协同发展的产业体系。产业体系之核就是制造业。制造业是立国之本、兴国之器、强国之基，肩负着国家经济起飞的重任，是推动供给侧结构性改革的主战场。特别是当前，随着现代科技水平迅速提高和应用技术日新月异，新一轮科技革命与产业变革迫使制造业趋向高质量发展，呈现投入产出效率高、产业结构高端化、人才结构"脑力化"、注重生态工业文明、能够满足消费者中高端需求等特征。但中国当前财税制度却滞后于制造业高质量发展进程、叠加金融等其他因素，制造业企业出现"融资难、融资贵"、推高劳动力成本、抬高用地成本等问题。应以财政绩效评价为基础，树立财政绩效理念下制造业高质量发展"一观三论"理念，全方位构建制造业高质量发展指标评价体系，提高政府有限财政资金使用效益，为制造业高质量发展增添新动力，推动经济发展质量变革、效率变革、动力变革。

第一节 制造业高质量发展的意义

随着经济社会环境的变化，我国已进入经济高质量发展阶段，新时期"不平衡、不充分"的供需矛盾成为经济增长主要的动力源。要实现新时期新目标，再不能单纯追求经济增速，而应更聚焦于提升经济质量，推动经济结构转型和增长动能转换。经济高质量发展的主要动力源于制造业高质量发展，通过技术、产品和模式创新，构建高质量、高效率、差异化产品的新型制造业生产体系，增强发展动力。推动制造业高质量发展就是做好"自己的事"，是顺应新一轮产业转移所需，是适应经济发展新阶段的客观要求，是解决社会主要矛盾的"关键"。

一、制造业高质量发展是顺应新一轮产业转移所需

随着经济发展速率不同，各国的劳动力成本、资源环境成本、土地成本等要素差异日益拉大，特别是我国近年来要素成本逐年上升，造成产业已呈现向东南亚、南亚等低成本地区转移的趋势，搭上了新一轮产业转移"航程"。基于此，我国必须坚持高质量发展，加快向中高端迈进，培育第五轮产业转移中的产业接续能力，依据多变的市场需求调整产能，错位发展、抢先布局，全面提升产业价值链和全要素生产率，提高制造业核心竞争力。

二、制造业高质量发展是适应经济发展新阶段的客观要求

改革开放初期，我国经济总量仅排在世界第 11 位。如今，我国经济总量多年稳居世界第二位。中共十八大指出，新形势下，我国经济进入由大国向强国转变阶段。经济首要问题已从改革开放初期的着力提升生产力，转化成提供高质量产品，经济发展要从"快"变为"好"字当头。此外，自 2018 年以来，以美国为代表的贸易保护主义势力抬头，我国对美国出口的大多是产业链中低端产品，核心技术及关键零部件产品均受制于人。随着中美之间博弈常态化，未来中美之间竞争焦点必是两国制造业高质量发展之争。我们拥有世界上最完整的工业体系；我们拥有最庞大、最具成长性的国内市场；我们拥有全球最大潜力的人才队伍；我们拥有以习近平同志为核心的党中央坚强领导，完全有能力实现制造业高质量发展，提升我国制造业在国际舞台的话语权，是应对中美贸易摩擦和保护产业链安全的根本之策。

三、制造业高质量发展是解决社会主要矛盾的"关键"

高质量发展是解决人民日益增长的美好生活需要和不平衡不充分的发展

之间矛盾的"关键"。制造业是实体经济的主体,是技术创新的主战场,是供给侧结构性改革的重要领域。推动制造业高质量发展,满足我国不断扩大的内需和消费市场,推动新旧动能转换,是当前我国主动把握和创造新的战略机遇期的重要途径。除投资、进出口之外,我国经济转型升级主要依靠中高端消费带动。我国市场消费升级正在不断加快,但供给端的产品难以满足消费结构升级,"供需失衡"现象较为明显。推动我国经济高质量发展,深化供给侧结构性改革,提升生活品质的产品和服务,重点发展具有高附加值、高效益的新技术新产业新业态,是改善人民的物质生活和精神生活水平的需求。

四、制造业高质量发展是产业结构变迁的必然

正如钱纳里工业化阶段理论所论述的,任何一个发展阶段向更高一个阶段跃进都是通过产业结构转化来推动的。制造业高质量发展也是顺应产业结构变迁的必然结果,即推动工业化进程中产业升级、向中高端迈进正是制造业高质量发展的应有之义。钱纳里产业升级理论提出,工业化是社会经济发展中由农业经济为主过渡到以工业经济为主的一个特定阶段和过程,主要包括经济水平的提高、经济结构的变革、条件改善和人类文明进步四个方面;钱纳里工业化阶段理论指出,工业化各阶段的主要内容、驱动因素、主要产业特征都存在差异。

工业化前期是对自然资源大量投入,主要通过劳动力大量投入来驱动,产业结构以农业为主,绝大部分人口从事农业,没有或极少有现代化工业,生产力水平较低;工业化初期是机器工业开始替代手工劳动,主要通过自然资源大量投入来驱动,产业结构以纺织产业为主,由农业为主的传统结构逐步向现代工业为主的工业化结构转变;工业化中期是中间产品增加和生产迂回程度提高,主要通过资本积累来驱动,产业结构以重化工业为主,制造业内部由轻型工业的迅速增长转向重工业的迅速增长,第三产业开始迅速发展;工业化后期是生产的效率提高,主要通过技术进步来驱动,产业结构以加工组装业为主,第三产业保持持续高速发展,制造业内部由资本密集型产业向技术密集型产业转换,同时消费者更中意高档耐用消费品;后工业化时期是

学习和创新,主要通过新的知识来驱动,产业结构以高新技术产业和服务业为主,智能密集型和知识密集型产业开始从服务业中剥离出来,占据主导地位,同时人们的消费欲望呈现出多样性和多变性,追求个性。可见,当前我国制造业高质量发展主要驱动因素正由"技术进步"转向"新的知识和科技创新"。

另外,据钱纳里工业化理论判断,工业化阶段可划分为前工业化、工业化实现和后工业化三个阶段,其中工业化实现阶段又分为初期、中期、后期三个时期。工业化初期,纺织、食品等轻工业比重较高,之后比重持续下降;工业化中期,钢铁、水泥、电力等能源原材料工业比重较大,之后开始下降;工业化后期,装备制造等高加工度的制造业比重明显上升,如表3-1所示。

表3-1 工业化不同阶段的标准值

基本指标	前工业化阶段(1)	工业化实现阶段			后工业化阶段(5)
		工业化初期(2)	工业化中期(3)	工业化后期(4)	
2005年人均GDP(PPP)	745~1490美元	1490~2980美元	2980~5960美元	5960~11170美元	11170美元以上
三次产业产值结构(产业结构)	A>I	A>20%,且A<I	A<20%,且I>S	A<10%,且I>S	A<10%,且I<S
人口城市化率(空间结构)	30%以下	30%~50%	50%~60%	60%~75%	75%以上

注:A代表第一产业,I代表第二产业,S代表第三产业,PPP代表购买力平价。
资料来源:世界经济论坛.2016-2017年全球竞争力报告[R].

第二节 制造业高质量发展内涵及体现

当前,中国经济仍然处于增长速度换档期、结构调整阵痛期、前期刺激政策消化期"三期叠加"及资源与环保约束压力日益增大背景下,供给侧结构性改革成为我国经济可持续发展的重头戏,而制造业高质量发展理所当然成了深化供给侧改革的重中之重。

一、高质量发展应有之义

改革开放以来，中国经济快速发展所取得的举世瞩目成绩堪称世界奇迹，但国内外学者多将其归咎于"要素投入数量增长"，而非"高质量发展"。美国经济学家保罗·克鲁格曼（Paul Krugman）在《萧条经济学的回归》中专门指出："亚洲取得了卓越的经济增长率，却没有与之相当的卓越的生产率增长。其增长是资源投入数量增长的结果，而不是效率的提升"[①]。经济增长不仅是数量问题，更是质量问题，因此仅从数量视角剖析一个国家或地区的经济增长问题太过于狭窄，更应该注重经济增长的效率，关注经济增长的质量[②]。经济增长是生产要素积累和资源利用效率改进共同作用的结果。生产要素积累就是不断增加劳动力和资本的数量，是经济增长数量扩张的基础，而资源利用效率的改进则是指土地、劳动和资本等生产要素更加有效率的使用与配置，是提高经济增长质量的主要源泉[③]。钟学义在《增长方式转变与增长质量提高》中认为，经济增长质量提高就是经济增长方式由粗放式向集约式转变，不仅包括增长效率的提高，而且包括与经济增长相伴随的产业结构的优化升级，其中主要是全要素生产率对经济增长的贡献率，能够反映经济增长效率，同时要素重置效率能够反映产业结构变动效应[④]。

20世纪以来，现代经济增长理论开始系统研究经济增长和要素生产率之间的关系。20世纪40年代，哈罗德—多马模型主要关注资本积累在经济增长中的决定性作用，其基本假设是：任何经济单位的产出取决于向该经济体投入的资本量和资本效率。也就是说，相当长时期内，国家可以依靠加大资本投入和资本积累来推动经济增长，但其难以解释处于相同资本积累水平的不同国家却存在较大的经济增长差异现象。对此，除考虑资本要素外，索罗

---

① 保罗·克鲁格曼. 萧条经济学的回归［M］. 朱文晖，王玉清，译. 北京：中国人民大学出版社，1999.

② 卡马耶夫. 经济增长的速度和质量［M］. 陈华山，等译. 武汉：湖北人民出版社，1983.

③ 王积业. 关于提高经济增长质量的宏观思考［J］. 宏观经济研究，2000（1）：11-17.

④ 钟学义等. 增长方式转变与增长质量提高［M］. 北京：经济管理出版社，2001.

模型还在生产函数中包含了更多对经济增长起作用的生产要素，特别突出了要素投入效率提高对经济增长的贡献作用。基于此，索罗及其后来的学者又再将生产函数转换为能够测度各种投入要素对经济增长贡献大小的形式，依据对增长原因测度的结果，提高要素投入效率在经济总体增长率中所起作用越来越大，也将经济增长研究重心转向对各种要素投入效率的研究。索罗（Solow，1957）提出了全要素生产率分析法，同时实证分析了美国经济增长的动因，发现资本和劳动投入只能解释美国 12.5% 的经济增长，剩余大部分份额就由技术进步来解释①。丹尼森（Denison，1974）将影响经济增长的因素分为持续性因素和过渡性因素两类，前者包括资源配置的改善和规模经济，后者主要指知识进展、技术创新及其在生产中应用。除此之外，他还认为，要素投入在数量上的增加和质量上的提高也是影响经济增长的因素②。普雷斯科特（Prescott，1998）指出，实物和无形资本的差别难以诠释世界各国经济增长质量水平的差异，储蓄率不同也只能解释部分，必须使用技术进步、技术效率等全要素生产率进行诠释③。

需要注意的是，经济增长不仅是生产率增长过程，也是经济结构不断优化调整过程。特别是，工业化进程中，结构变迁导致要素重新配置，影响经济增长的重要性随发展水平不同而有所区别，简单来说，不同产业部门之间劳动和资本等要素产出效率存在差异，推动各产业部门之间生产要素优化配置，流向高生产率水平或更高增速生产率水平的部门，提升经济总体生产效率。克拉克（Clark，1940）、库兹涅茨（Kuznets，1957）、丹尼森（Denison，1967）等学者早就系统地提出了产业结构变迁对经济增长的影响理论。库兹涅茨（Kuznet，1989）认为，发达资本主义国家经济结构转化是经济增长的重要源泉，从部门看，先由农业活动转向非农业活动，继而从工业转向服务

---

① Robert M. Solow. Technical Change and the Aggregate Production Function [J]. The Review of Economics and Statistics，1957，39（3）：312 - 320.

② Denison，Edward F. Accounting for United StatesEconomic Growth 1929 - 1969 [J]. Brookings Institution，1974.

③ Prescott，E. C. Needed：A Theory of Total Factor Productivity [J]. International Economic Review，1998，39（3）：525 - 551.

业①。此外，他还将知识、生产与结构联系起来，分析 1958～1966 年全球 39
个发展中国家的结构变化与经济增长关系后发现，发展中国家要素重置对经
济增长的贡献率要高于欧美发达国家，因此得出了发展中国家经济增长也主
要源于要素重置与结构变迁。切纳里（Chenery，1986）、塞尔昆（Syrquin，
1986）在《经济增长和发展经济学》中提出，产业结构变化和要素重置效应
是推动经济增长的关键因素，并在实证研究中将要素重置与产业结构变迁设
为影响经济增长的重要变量。此外，切纳里（Chenery，1986）还对 100 多个
国家样本数据进行分析后发现，产业结构变迁引致的要素重置效应在各发展
阶段大致经历了由最初加速而后放慢的过程——在工业化加速阶段达到最高
水平后，又逐渐减弱直至消失②。塞尔昆（Syrquin，1986）等认为，结构变
化是经济发展过程的重要特征，也是解释经济增长速度与质量的本质因素，
若结构转变的方向无效率或频率太慢，就会阻碍经济增长，反之，如果结构
转变提高了产业部门之间要素回报的均衡，优化了资源配置或是推动了规模
经济发展，那么其对经济增长就能做出积极贡献③。派纳德（Peneder，2002）
提出了"结构红利假说"，即要素流动所形成的产业结构变迁对生产率增长
所带来的积极贡献④。卢卡斯 1988 年在《论经济发展的机制》中提出，只有
专业的、特殊的人力资本积累才是生产率增长的真正源泉（洪英芳，2002）。
西蒙·库兹涅茨（Simon Kuznets，1989）认为，劳动生产率提高、技术进步
和产业结构优化是经济增长质量的三个重要影响因素⑤。

随着经济增长理论研究不断深入，中国对经济增长的认识也在日益深化
之中。在 2018 年的达沃斯论坛演讲中，刘鹤指出高质量发展的主要内涵就是
从总量扩张向结构优化转变，就是从"有没有"向"好不好"转变；李伟提
出，高质量发展意味着高质量的供给、需求、配置、投入、产出、收入分配

---

① 西蒙·库兹涅茨. 现代经济增长 [M]. 戴睿，易诚，译. 北京：北京经济学院出版社，
1989.

② Chenery H. B. , S. Robinson and M. Syr-quin. Industrialization and Growth：A Comparative Study
[M]. New York：Oxford University Press，1986.

③ Syrquin, M. Productivity Growth and Factor Reallocation [M]. in Industrialization and Growth,
ed. by H. B. Chenery, Oxford. Oxford University Press，1986.

④ M. Peneder. Structural Change and Aggregate Growth [R]. WIFO Working Paper, Austrian Institute
of Economic Research，Vienna，2002.

⑤ 西蒙·库兹涅茨. 各国的经济增长 [M]. 常勋，等译. 北京：商务印书馆，1999.

和经济循环，要处理好供给和需求、投入与产出、政府与市场、公平与效率、国内和国外五大关系；刘世锦认为，经济走上高质量发展的转向期，也是转变发展方式、优化经济结构、转换增长动力的攻关期，最大特点是速度要"下台阶"、质量效益要"上台阶"。抓经济工作、检验经济工作成效，也要从过去主要看增长速度有多快，转变为主要看质量和效益有多好。衡量发展质量和效益，简而言之就是投资有回报、产品有市场、企业有利润、员工有收入、政府有税收、环境有改善；张立群认为，高速增长阶段重在以数量快速扩张为主，而高质量发展则强调质量和效益，解决"好不好"的问题。

基于绩效理论，从结果导向看，高质量发展更注重社会公众的获得感，是经济发展达到一定水平之后，为了满足人民日益增长的美好生活需要，既包括更高物质文化生活要求，也涵盖了日益增长的民主、法治、公平、正义、安全、生态等方面的要求，从单纯追求经济总量扩展，转变为适应社会公众更高标准的、更加多样化的需求，重在回答"好不好"而非"有没有"问题。

二、制造业高质量发展应有之义

习近平指出，推动经济高质量发展，要把重点放在推动产业结构转型升级上，把实体经济做实做强做优；要立足优势、挖掘潜力、扬长补短，延长产业链条，提高能源资源综合利用效率，努力改变传统产业多新兴产业少、低端产业多高端产业少、资源型产业多高附加值产业少、劳动密集型产业多资本科技密集型产业少的状况，大力培育新产业、新动能、新增长极，发展现代装备制造业，发展新材料、生物医药、电子信息、节能环保等新兴产业，发展现代服务业，发展军民融合产业，补足基础设施欠账，发挥国家向北开放重要桥头堡作用，优化资源要素配置和生产力空间布局，走集中集聚集约发展的路子，形成有竞争力的增长极，构建多元发展、多极支撑的现代产业新体系①。

郑新立提出，高质量发展阶段主要体现在以下几个方面，表现在产业结

---

① 习近平. 习近平谈到"高质量发展"的20个关键词 [EB/OL]. (2018 - 03 - 15). http://www.xinhuanet. com/politics/2018 - 03/15/c_129829690. htm.

构上，是由资源密集型、劳动密集型产业为主向技术密集型、知识密集型产业为主转变；在产品结构上，由低技术含量、低附加值产品为主向高技术含量、高附加值产品为主转变；在经济效益上，由高成本、低效益向低成本、高效益的方向转变；在生态环境上，由高排放、高污染向循环经济和环境友好型经济转变。最终将体现为国家经济实力不断增强，居民收入得到较快增加。

许召元认为，制造业高质量发展应该包括四个方面要求：一是产品质量不断提高，能够满足人们对美好生活的需要，其中产品质量包括性能、寿命、安全性、可靠性、经济性和外观等，既要不断提高产品标准，又要提升合乎产品标准的产品合格率；二是生产过程清洁高效，满足人与自然和谐发展的要求，即要将绿色制造作为高质量发展的重要标杆，构建以政府为主导、企业为主体、社会组织和公众共同参与的环境治理体系，推动制造业生产过程更加清洁、更加环境友好；三是企业效益保持在较好水平，人均增加值不断提升，即要通过增强企业自身核心竞争力，优化产业结构和营商环境等方式，提高劳动生产率、物料生产率，以更少的投入生产出更多更好的产品，同时还要保持适度市场竞争，不仅要规避因垄断而损害上下游和消费者的利益，而且要防止低水平"同质化竞争"问题，规避所有企业陷入"低效益"运营状态；四是国际竞争力不断提高，为经济发展提供更为广阔的市场空间，即要处于全球化环境中考虑制造业，而非只立足于满足国内需求，保持产品特别是高技术产品的国际市场份额的稳定甚至提升[①]。

杨伟民提出，从产业来看，制造业高质量发展更多依靠新的产业、新的产品、新的技术、新的业态来推动，同时具有较为完整且多居于中高端的绿色、低碳、循环的产业链、价值链；从要素来看，制造业高质量发展不仅更多依靠科技、人力资本、信息、数据等新的生产要素来推动，而且还需依靠劳动、资本、土地、资源、能源、环境等传统要素的效率提高来提升。

综上所述，制造业高质量发展是指一个国家或地区经济社会进行工业化中后期之后，主动适应社会主要矛盾变化，持续推动制造业行业内外不断创新和更替升级的过程。

---

① 许绍元. 如何理解制造业高质量发展［N］. 经济日报，2019－01－03.

三、制造业高质量发展的体现

制造业发展一般内生逻辑，是在人的对象化活动中，积极创新与之相关的制度、机制与体制等，增强政策与资本及人力流通通道、技术研发流通通道之间元素耦合裂变赋能作用，最终促使产业从孕育、产业形成、产业成长走向成熟，如图 3-1 所示。其中，政策与资本及人力流通通道主要包括政策共享系统（财税系统、土地系统等）、金融共享系统、技能扩散系统；技术研发流通通道主要包括技术开发平台、创意衍生平台、成果转化平台。

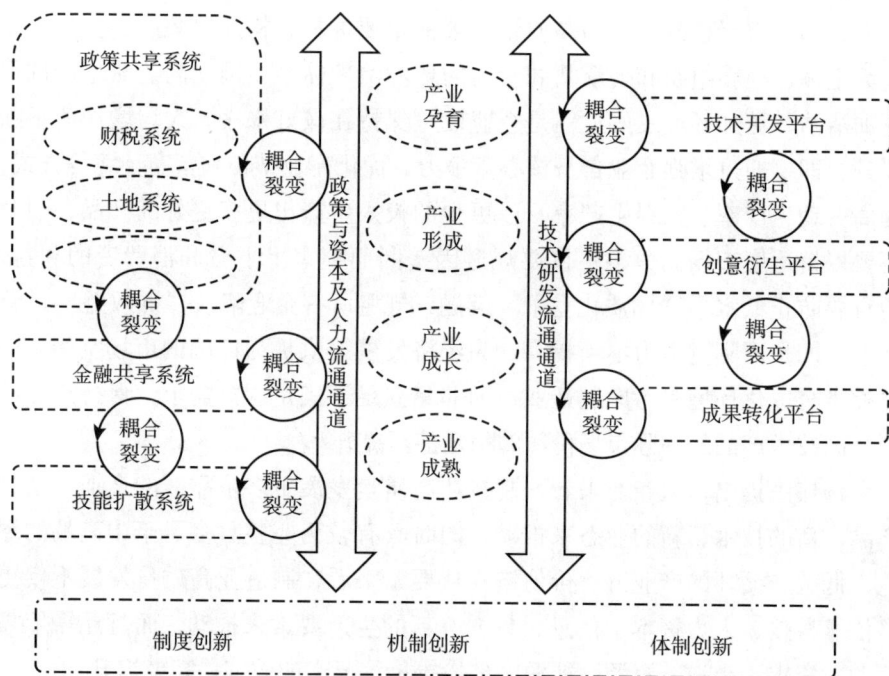

图 3-1 制造业发展一般内生逻辑

基于绩效视角下，制造业高质量发展主要体现在投入产出效率高、产业结构高端化、人才结构"脑力化"、注重生态工业文明、能够满足消费者中高端需求等方面，如图 3-2 所示。

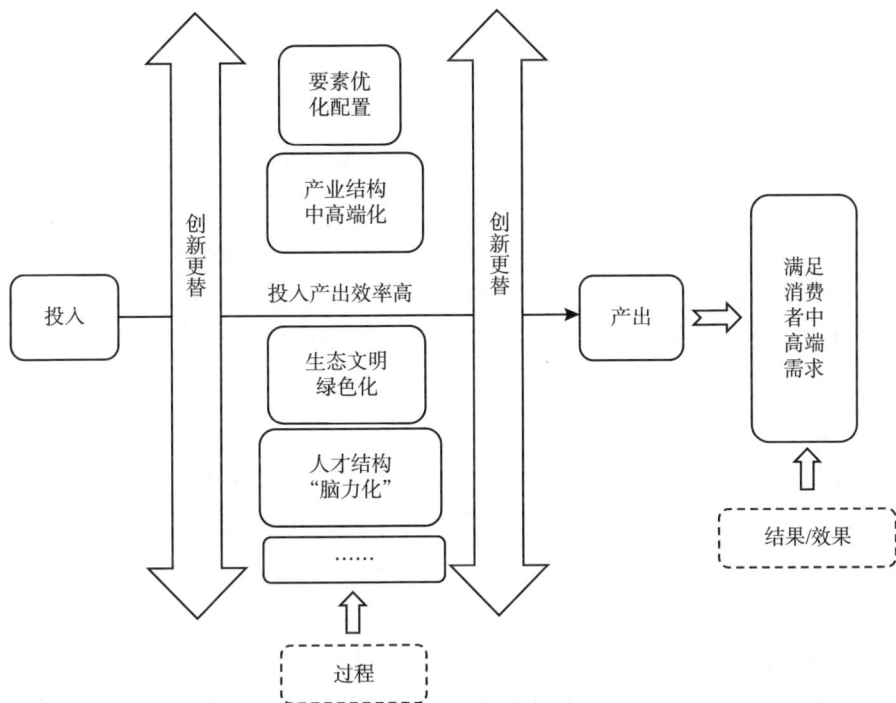

图 3 - 2　绩效评价下制造业高质量发展的体现

第一，投入产出效率高。当前，云计算、大数据、移动互联网、人工智能、区块链等高新技术日益成熟，工业互联网生态体系加速发展，带动传统工业的颠覆与重构，驱使工业向信息化、智能化、网络化方向发展。信息化与工业化深度融合，加之移动互联网、物联网、云计算和大数据等新一代信息技术日益渗透生物、新材料、新能源等新兴产业及传统生产制造领域，重塑工业企业信息收集、传输及数据处理应用方式，实现对生产要素高度灵活配置，削弱时间与空间对制造业生产经营活动的约束，特别是分布式生产组织结构大大提高了成本支出与所产生的内在效益和外部效益的比重，即制造业发展过程中制造业投资绩效显著提高，越来越凸显制造业投资资金花得其所、用得安全。

第二，产业结构高端化。以智能制造为核心的新工业革命，推动智能工业云加速发展，通过工业互联网平台聚合产业生态，为制造业企业提供全方位"云服务",推动"信息共享"与"物理共享"协同发展,实现全球企业及个人之间"互联制造",重塑制造业产业价值链,促使产业结构中电子计算机、飞机和宇宙航天制造业、集成电路、精密机床等"知识技术密集"型产业发展速度远超钢铁、纺织等"劳动密集"型产业。基于人工智能、区块链等新技术的个性化、大规模定制化生产方式,新工业革命催生3D打印、工业机器人及节能环保等一系列新兴产业,加速传统制造业转向尖端技术制造业,实现"制造"向"智造"转型,攀升产业价值链高端。

第三,人才结构"脑力化"。新工业革命将3D打印、工业机器人等数字技术、物理技术、生物技术有机融合,促使信息化制造模式转向智能化制造模式,加剧"机器换人"趋势。"机器换人"促使制造业领域的一线低技能甚至部分熟练工被工业机器人替代,但调试、维护和控制工业机器人的技术性岗位相对增加。据国际劳工组织预测结果显示,2000~2019年,低技能就业一直呈下降趋势,但高技能就业处于上升趋势。"机器换人"导致简单劳动者失业,但智能化生产创造更多高质量就业岗位,促使人才结构高端化。也就是说,新工业革命核心特征是智能化,智能化生产系统需要具备创新品质、开拓精神和开发新产品能力的高度复合知识型人才,推动人才结构日趋"脑力化"。

第四,注重工业生态文明。环境污染、生态破坏、资源能源匮乏已成为人类共同面临的严峻挑战,"节能减排""绿色低碳"等理念越来越成为世界各国关注的焦点,引发全球制造业发展模式变革。基于新材料及节能环保等关键技术不断突破,新工业革命已引发一种"从摇篮到摇篮"的制造新理念,强调一系列生产函数发生要从自然要素投入,实现以绿色要素投入为特征的跃迁。新工业革命背景下,"制造新理念+关键技术突破"促使制造业企业更具生态环保意识,指定产品应使用"绿色材料",创造循环利用机会同时降低能耗及有毒物质排放,力求以可持续非破坏性方式制造产品,以应对全球资源能源匮乏、生态环境恶化、气候变化诡异等多重危机。

第五,满足消费者中高端需求。新工业革命促使新一代信息技术、纳米技术、生物技术等高度渗透、交叉与融合,促使"工业云"等"云端"平台竞相发展,引发生产材料、制造工艺等重大关联技术融合突破,实现信息化制造向智能化制造转型,促使大批量个性化或个性化量产变为现实。新工业革命背景下，受小众需求驱动，加之个性化及柔性化等关键技术突破，个性化产品以迎合消费者中高端需求日益成为主流，促使制造业企业研发更注重与消费者期望和需求相切合，破解人民日益增长的美好生活需要和不平衡不充分发展的矛盾。

整体来看，任何事物的变化都是量变和质变的统一，量变是质变的必要准备，质变是量变的必然结果。我国长期以来坚持粗放式发展方式，制造业发展侧重于数量扩张而非质量提升。新时代下，制造业高质量发展是对原有以数量扩张为主发展方式的完善，更是创新与更替升级的过程。制造业高质量发展重在内涵，关键在于抓住制造业的本体、根本、特性，强调国家或地区制造业发展"好不好"。

第三节 制造业高质量发展"十大引擎动力"

从近现代全球各国经济发展演进路径看，工业化是一个国家或地区现代化进程中不可逾越的发展过程。这期间，国家或地区的产业结构不断优化升级，适应社会经济状态的变化，推动自身合理化，并趋向深度加工化、高附加值化，推动经济健康可持续发展。可以说，产业结构优化升级已经成为工业化的重要抓手与必然路径。但我国当前产业结构仍处于供需失衡，难以解决人民日益增长的美好生活需要和不平衡不充分的发展之间的矛盾，亟须运用政治动力、体制动力、思想动力、人本动力、诚信动力、创新动力、科技动力、资本动力、能源动力、信息动力等撬动，大力推进产业结构提质增效的力度，构建更符合国情的高附加值、节能环保的现代产业体系，走出一条有中国特色的制造业高质量发展之路。

一、信息引擎动力

信息动力是指经济社会中所有信息在传递过程中都会形成反馈，继而对组织活动产生一定的直接或间接推动作用。信息化社会时代下，信息冲击所产生的压力无形就会转变成竞相追逐的竞争动力，对组织活动起到直接或间接、全面的促进作用。这主要包括，一方面，通过对已知信息资源的加工分析，提高员工的核心竞争力；另一方面，借鉴已有信息资源中反映出的经验教训，可以减少低效甚至无效劳动。信息动力主要体现就是，员工通过信息资源的收集、分析与整理，得出所需要的研究成果，创造社会效益，获得成就感。但需要注意，信息要适度而非过量，否则就会混乱或失真，适得其反，导致员工行动无所适从。

这实质就是信息化过程，就是培育、发展具备信息的获取、传递、处理、再生与利用功能的智能化工具为代表的新生产力，使之造福于社会的过程。随着信息资源日益成为整个制造业的基础产业，例如，信息科学技术的研究与开发、信息装备的制造、制造业软件开发与利用等，对促进制造业转型升级具有不可替代的作用，也就越来越成为推动制造业高质量发展不可或缺的动力源之一。

一方面，云计算、大数据、物联网、移动互联网、人工智能等新一代信息技术快速演进，硬件、软件、服务等核心技术体系加速重构，正在引发信息产业新一轮变革。可以说，当前信息产业已经成为国民经济新的增长点，占 GDP 比重不断攀升，对国民经济的直接贡献率与间接贡献率都在不断提高，在国民经济各产业中位居前列，有望成为最有核心竞争力的产业。此外，信息产业关系国家经济命脉和国家安全，是基础性产业，也是战略性产业，例如，通信网络是国民经济的基础设施，信息安全是国家安全的重要内容，这都需要强大的电子信息产品制造业来提供最根本的保障。

另一方面，信息产业作为高新技术产业集群的重要组成部分，已经成为全球各国经济发展的核心动力与社会再生产的基础，不断渗透到制造业各个领域，缩短技术创新周期，创造出新的产业门类，日益成为带动其他高新技术产业跨越式发展的龙头产业。此外，信息技术的普及及信息产品的广泛应用，将大量降低物资消耗和交易成本，将推动制造业生产方式的转型升级，助推制造业发展转向节能环保的内涵集约型高质量发展方式。

二、能源引擎动力

煤炭、石油、天然气等能源是经济发展的重要物质基础，农业、制造业、交通运输等任何生产经营活动都必须投入一定的能源生产要素，否则就不可能形成现实的生产力。特别是，能源是推动技术进步的主要因素。例如，18世纪末，煤炭成为主要能源，推动以蒸汽机为代表的大机器生产成为工业生产的主要方式，引发第一次工业革命，开创了以机器代替手工劳动的时代，极大地提高了生产力；19世纪末，石油取代煤炭成为最重要的能源，推动电力成为最重要的二级能源，又引发第二次工业革命，进一步增强了人们的生产能力，使人们认识到电力的广泛使用能极大提高机械化程度，降低劳动成本，促进劳动效率的提高；20世纪四五十年代，核能、太阳能和风能等新能源逐步得到利用，降低了石油在能源消耗中所占的比重，在一定程度上再次引发了第三次科技革命，促进了社会经济结构重大变化，导致第一产业、第二产业在国民经济中的比重下降，但第三产业所占比重却上升。

此外，除是制造业发展不可缺少的物质基础外，能源本身的生产也能够促进新产业的诞生和发展。例如，纤维、橡胶、塑料等产品的制造及精细化工等行业的发展不只是促进了能源制造业的崛起，创造出一批新兴产业，同时推动了其他产业转型升级。但需要注意的是，能源的储藏量、可采性及利用毕竟是有限的，特别是矿物能源是一次性消耗的不可再生资源，因此其既是经济增长的动力因素也是制约因素。

伴随着经济增长，制造业发展越来越面临不断增长的能源需求与能源稀缺问题。一般情况下，经济发展和能源需求量之间存在正向关系。例如，2018年7月发布的《财富》世界500强中，6家能源企业居前10位，其中5家都是石油企业。诺贝尔化学奖得主理查德·斯莫利曾指出，能源问题不仅是未来50年人类面临的十大全球性问题之一，而且还列第一位。新时代下，随着供给侧结构性改革深入推进，能源效率的提高，以及能源结构的优化更能带动更高速率的经济增长。能源效率是单位能源带来的经济效益，能耗越高效率越低，反之效率就越高。同时，优质高效的能源更有利于提高能源效率，例如，每增加1%的燃煤灰分，电厂的利用效率就降低1%。可以说，石油、天然气特别是风能、太阳能等可再生能源的开发和使用力度，是制造业产业转型升级的动力之一，更有利于推动制造业高质量发展，实现节能环保型的制造业高质量发展之路。

三、资本引擎动力

亚当·斯密认为资本对国民财富的增长具有非常重要的作用，既然要提高劳动生产率，就必然要增加生产资料的数量，增加生产性劳动，增加生产劳动者人数，而生产劳动的数量就要依存于资本的数量。大卫·李嘉图在1817年出版的《政治经济学及赋税原理》一书中指出，工资、利润和地租三者之间存在相互关系及其发展变化规律，其中社会产品以工资、利润、地租等方式在工人、资本家、地主之间进行分配，但只有利润是用于发展生产的，也决定着财富积累的规模，而国民财富的增长又完全取决于资本积累。另外，哈罗德提出的经济增长模型，就反映了这样一个理论假设前提，要实现经济增长就必须进行资本积累，即一年的国民收入中必须有一部分被储蓄起来，并在下一年转化为投资。

制造业作为国民财富增长的重要源泉，势必要受到资本推动的作用，特别是资本市场发展有利于推动制造业企业发展壮大和行业的整合，改善国有企业运营与国有资产管理的模式，都有利于促进制造业高质量发展。正如美国经济学家熊彼特在1912年出版的《经济发展的理论》中所提出，资本主义经济增长的主要动因是借助于银行家提供的资本来购置新机器、创办新企业、生产新产品、开拓新市场，推动着生产技术的改进与国民收入的增长。

这主要是由于较为完善的资本市场，一方面，能够通过提供高效便捷的融资渠道，优化制造业增量资本配置；通过兼并重组促进制造业产业优化升级，盘活存量资源整合；另一方面，通过透明高效的市场环境，促使制造业企业架构现代化管理机制，借鉴传统文化精髓打造现代企业文化，增强核心员工凝聚力，有效配置资本资源，为制造业优化升级提供直接动力，推动资本从落后产业流向有发展前景的产业。

四、诚信引擎动力

随着移动互联网、云计算、大数据等新一代信息技术的应用与发展，再加上统一的、相对成熟的市场体系，当前社会早已经从熟人社会转入了陌生人社会,人与人之间的关系在用之不觉、失之难存的社会基础——诚信上,逐渐告别传统的"涟漪"式差序格局,资本、技术、劳动力、自然资源等诸多要素在国内甚至全球范围内更顺畅地流通。

诚信是一种被社会绝大多数成员所认可的道德规范,是个体对他人和社会的一种负责态度,是一种契约。我国民法规定,各个民事主体在从事各项包括经济活动的民事活动时应以诚实信用为准则,正确处理各种利益关系。简单来说,涉及双方利益时,当事人应该以对待自己事物的态度同等对待他方的事物,讲究信用,恪守承诺,做到不弄虚作假、不欺不诈。诚实信用既是企业经商治业的行为准则,也是企业从事一切经济活动的"底线"。随着经济日益全球化,产业链深度融合,已经是"你中有我,我中有你",要维持长期合作关系,就需要合作双方讲究信用,降低交易成本等诸多成本,赚取更多利润。

这是由于市场经济本就是以社会分工为前提、以交换为方式、以等价为原则的契约经济。纵观改革开放发展历程,大批企业家和劳动者投身市场的最为成功之道就是"诚招天下客,誉从信中来"。特别是,当前企业产品交换的广度和深度都大为扩张,交换的内容和形式也日趋多样化,产品的交易空间不再局限于集市与商场有限范围,交易时间也不再集中在开张至打烊时间段,但企业诚信价值却始终不变,能够为企业带来"一传十、十传百"的品牌效应,带来良好的国内甚至国际声誉,改善其投资环境,降低运营成本;有利于稳定企业员工团队,降低组织成本;通过免押金等方式,降低企业交易成本,使整个社会甚至全球资源得到合理的利用。因此,诚信是推动制造业高质量发展的积极动力。

五、创新引擎动力

美国经济学家熊彼特1912年在出版的《经济发展的理论》一书中提出,创新是资本主义经济增长发展的主要动因。创新活动主要通过三个过程推动经济发展:一是企业为谋取超额利润而进行的创新行为;二是企业为分享创新利益而开始的仿效创新行为;三是其他采用旧方式生产的企业为在激烈的市场竞争中生存而对创新的适应行为。广义的创新范畴包括引入新产品、引用新的生产方法和工艺、开辟新市场、取得原材料或半成品的新供给来源等。可以说，制造业企业的成本、质量、产品差异等均要以创新为前提。

创新是一个民族的灵魂，是一个国家兴旺发达的不竭动力，更是中国制造业高质量发展的核心动力。创新一方面能够提高物质生产要素的利用率，降低投入量；另一方面创新又能通过引进先进设备和工艺，降低生产成本。特别是在知识经济时代背景下，创新已经成为时代发展的主题，更有利于促进制造业企业改善组织形式，提高管理效率，针对市场需求，及时调整产品结构，提高技术水平，推陈出新，成为制造业企业生命力生生不息的动力源泉。可以说，"一把钥匙开多把锁"的工作方式已经远远不能适应制造业转型升级的经济发展形势，亟须引导社会大众树立正确的世界观、人生观、价值观，树立将"创新"作为一切工作重点的理念，审时度势，深入剖析，正视制造业高质量发展当前所面临的新形势和新特点，增强自主创新能力，攻克关键核心技术难关，助力制造强国建设。

六、科技引擎动力

科技以永无止境的科学探索行为，不断激发人类的想象力，以及对宇宙等一切未知的想象力与求知欲，成为产业发展的根本动力。可以说，科技革命就是产业革命的先导因素，对产业变革所产生的影响不可低估，同时产业发展及结构不断更新是科技革命落地的重要途径。通过科技成果的产业化、市场化，历次科技革命都催生出新的行业、改造提升传统产业，重塑产业格局，推动产业革命爆发。第一次科技革命形成了以蒸汽机制造业、一般机械制造业、冶铁业等为核心的主导产业群，促进轻工业大力发展，发达国家的第二产业占 GDP 比重开始上升；第二次科技革命形成了电力制造业、石油制造业、钢铁制造业、船舶制造业、汽车制造业、化学制造业等为核心的主导产业群，推动重工业突飞猛进，迅速提高了发达国家第二产业占 GDP 的比重；第三次科技革命形成了信息产业、原子能制造业、航天制造业、高分子化学制造业等为核心的主导产业群，极大促进了高新技术发展，推动第三产业占 GDP 的比重加速上升。

科技有助于加强产业结构非物质化和生产过程的机械化、数字化、智能化，推动产业不断裂变升级。一方面，更加凸显原有产业的某个产品或某个生产阶段，逐步从原有产业中分离出来，成为独立的产业，同时新产品、新工艺、新材料等的研发创新，创造出新的生产活动，形成新的生产门类，并逐步发展成为支柱产业，替代那些已经成熟但没有重大突破性进展的产业，同时用新的技术、工艺等改造原有产业，带动原有产业的产品更新换代，加速产业结构优化升级。另一方面，各产业之间科技的进步与变革是不平衡的，造成各个产业部门在生产效率和发展速度上有所差别。国民经济各产业之间存在一定的投入产出关系，若某产业因科技革命提高了劳动生产率，就可能引导相关联部门的技术创新，产生新的发展"瓶颈"，进而再破解新的产业发展"瓶颈"，再衍生出更新的产业发展"瓶颈"和更新的创新活动，引导产业结构不断优化升级，推动新产业的形成与发展，实现制造业高质量发展。

七、人本引擎动力

人类社会一切都是人创造的，人是一切创造行为的动力源泉，并且是第一生产力。舒尔茨的人力资本理论认为，人力资本主要体现在人的知识、能力与健康方面（T. W. Schultz，1962），人力资本投资是经济增长的动力源泉之一，也是效益最佳的投资。基于舒尔茨理论，丹尼森后来丰富并改进了人力资本理论，提出正规教育因素对经济的作用。柯布—道格拉斯生产函数是现代经济增长实证分析的基础，其中除技术投入、资本投入两大因素外，还包括了劳动力投入对经济总量的贡献份额。制造业作为经济增长的重要组成部分，更需人力资本这一动力源泉。

就人力资本而言，制造业高质量发展关键核心在于高素质、创新型人才的引进与培养。这是由于人力资本是附着在人身上不可分割的特殊资本，不仅是可以获得更多更优产出的生产要素，更是能够依托人的主观能动性获取、识别和分析外界信息，继而指导相关联的经济人优化配置各种生产资源，实现各产业的高效协调发展，推动制造业高质量发展。特别是，知识经济时代，知识资源是人力资本能力的核心，因此人力资本所掌握的知识是一切价值的源泉，已经成为制造业核心竞争力的重要组成部分，是制造业高质量发展首当其冲的动力源泉。

八、思想引擎动力

哲学是人类文化内在精神重要的构成部分，能够立足于时代困境而予以整体追问，正如亚里士多德所提出的，求知是人的本性，人们为求知而求知，为智慧而求智慧，而不是一心想在哲学思考以后得到另外的东西。可以说，哲学创造思想，思想决定态度，态度引导行动，行动产生力量，推动经济社会向前发展。简单来说，一个国家的经济发展离不开思想的动力，唯有思想才能不断推陈出新，通过推动生产力中人的智力提高，特别是思想觉悟、价值观等非智力因素的提高，引导人们形成正确的理想信念、积极向上的价值取向，自觉内化与遵守市场经济的法律法规以及社会道德约束，营造正常经济秩序与良好经济环境，获取源源不断的发展动力。特别是，哲学能够以独特的方式启发人类思想，非常有助于推动人类社会最复杂的智力活动——基础研究的发展壮大。

基础研究与创新活动密切相关，每一次重大突破都会催生出一系列新技术、新发明，是科技创新与高新技术发展的动力源泉，不断开辟新的技术进步方向，带动新兴产业崛起，推动产业结构优化升级。基础研究能够从源头创新推动高新技术产业健康发展。若一个国家没有原创性的基础研究，只能跟随他国，那么其产业发展势必将是缓慢的，难以获取较强的国际竞争地位。基础研究是产业技术的源头，没有基础研究就不可能掌握关键核心技术，那么产业发展无异于无源之水、无本之木，难以实现真正意义上的制造业高质量发展。

九、体制引擎动力

体制是一定的规则、制度的集合体，既能激发被约束对象的活力，也能释放被约束对象的发展潜力。改革开放以来，我国经济社会取得的斐然成绩，就部分取决于体制不断适应市场环境变化而相应变革所引发的"规则与制度"红利。其中，经济增长的主要引擎——制造业的飞速发展更是离不开体制引擎动力。当前，我国制造业高质量发展更亟须改变以往发展模式，构建与之相适应的联动体制，一方面，加大对"僵尸企业、僵尸资产"的破产清算力度，妥善处理好职工安置等后续工作，打通"去产能"的制度梗阻，同时强化节能环保等规范标准，逐步出清落后产能。另一方面，要兼容并蓄，创新思维，基于已经有的政策体制，通过深化改革为可持续发展提供规则、制度保障，健全鼓励先进的激励政策，加大对优质企业的政策支持力度，加快释放制造业先进产能，推动新技术、新组织形式、新产业集群等的形成与发展，最终实现制造业高质量发展。

十、政治引擎动力

政治是"政"与"治"的有机融合体，是各种利益团体进行集体决策的一个过程，也是各种团体或个人为了某种利益而结成的特定关系。政治体制与经济体制改革是相辅相成的，两者之间存在互为动力、相互依赖、相互影响的关系，正如邓小平所指出的，政治体制改革同经济体制改革应该相互依赖、相互配合。只搞经济体制改革，不搞政治体制改革，经济体制改革也搞不通；现在经济体制改革每前进一步，都深深感到政治体制改革的必要性。不改革政治体制，就不能保障经济体制改革的成果，不能使经济体制改革继续前进，就会阻碍生产力的发展，阻碍四个现代化的实现。现如今，我国正处于深化供给侧结构性改革等经济体制改革的关键时期，制造业提质增效是其重要组成内容，需要政治更具备全球生态视域，加强法治建设，全面落实法治精神，真正成为推动制造业高质量发展的原动力。

第四节 制造业高质量发展下产业特征及发展趋势

基于制造业高质量发展"十大引擎动力"驱动，制造业产业将日益趋向以知识运用、以人为本、注重影响因素关联性，呈现出产业融合化、产业高端化、产业服务化、产业组织网络化、产业竞争资本化、产业高效生态化发展趋势。

一、产业特征

制造业高质量发展下，产业彰显重在以知识运用为基础、"以人为本"、增强影响因素关联性三大特征。

首先，重在以知识运用为基础。当前我们已经进入以创造和分配信息为基础的经济社会，日益革新的高科技信息技术将越来越缩短信息流动时间，加快产业变化步伐，解决旧产业任务，逐渐产生新活动、新方法和新产品。随着高新技术跨越式发展，知识将取代资本成为未来城市取之不尽、用之不竭的基本的经济资源和权力资源。制造业高质量发展下，产业作为知识经济时代和智能经济时代的经济组织形式，重在运用知识，而非基于知识的产业。

其次，重在"以人为本"。制造业高质量发展下，产业通过外部力量使主体本质力量得到提高，其服务或产品能提高人们的生活质量。经济学家罗斯托在《经济成长的阶段》中，把西方经济发展划分为五个阶段：传统社会、为起飞创造前提、起飞阶段、成熟阶段、高额群众消费和追求生活质量阶段。追求生活质量阶段是"工业社会中人们生活的一个真正突变"。这一阶段人们形成新的生活价值观，从单纯注重物质转为以人的发展为中心；从片面强调生活中商品货物的数量转为强调工作、消费、政治和精神生活中的意义和满足感，追求生活质量的协调与全面提高，即产业除了要衡量经济生产量的增加外，还应注重改善生态环境，提高人民生活质量。

最后，重在增强影响因素关联性。人是社会主体，凌驾于物之上，因此社会的一切活动都应以人而不是以物为中心而运转。制造业高质量发展下，产业是以人为对象的产业，人体是一个开放的复杂巨系统。这种开放性不仅表现在受周围物质环境的影响，而且表现在与社会环境息息相关。人体生命、行为、心理现象的多样性、多变性、复杂性决定了产业的多样性、复杂性。也就是说，制造业高质量发展下，产业不是单一的传统产业，而是通过产业间投入产出关系，加速产业融合，促进自身及相关产业发展。

二、产业发展趋势

步入 21 世纪以来，全球学科跨界融合加速，新兴学科层出不穷，前沿领域不断延伸。以云计算、人工智能、大数据、3D 打印等为代表的新一轮信息技术革命已成为全球日益关注的焦点。新一代信息技术溢出效益（或称为渗透作用）很强，不断激发创新活力，促进技术融合，成为催生一系列新产品、新应用、新模式的动力引擎，极大地推动产业发展壮大，呈现发展新趋势。

第一，产业融合化。全球科学技术发展日新月异，新一轮科技革命和产业变革加快兴起，产业融合速度不断加快，对产业形态、产业结构、产业分工和组织方式带来巨大变化。新一轮科技和产业革命的方向不仅依赖于一两类学科或某种单一技术，而是多学科、多技术领域的高度交叉和深度融合。产业的跨界整合及积木式创新，成为生态衍变和资源变现的全新方式。其中，信息技术将进一步发挥基础和支撑作用，生物、纳米、材料等技术将更广泛渗透、交叉、融合，衍生新兴技术和新兴产业，进而引发新的技术变革和产业革命。

特别是相比以往的信息技术，人工智能具有更强大的垂直渗透和横向整合能力。如今，人工智能已经逐渐渗透到各行各业，在医疗、汽车、金融、零售、安防、教育、家居等行业都有了具体的落地产品，通过"人工智能＋"的方式，推动信息技术与传统产业深度融合。另外，数据作为新的生产要素，也会改变原有产业链结构。跨界获取数据将会极大增强自身产品的竞争力，将自身数据应用于别的行业，也可能衍生新的商业模式和产品。

随着技术的应用和业态的创新，产业之间相互渗透，趋于融合，产业间边界将日益模糊化，难以清楚界定出具体产品产业门类。例如，随着信息技术超高速发展，手机越来越成为信息处理的终端，简单地将其界定为电子信息制造业，是否还合适？产业融合不仅通过高新技术的推广应用提高了传统产业的技术创新能力，而且促进产业结构不断趋向合理化和高度化，特别是产业融合还催生了许多新产品和新服务，满足了人们收入和生活水平提高后对更高层次消费品的需求，反过来又极大地拉动新兴产业的发展壮大。

第二，产业高端化。产业反映着技术创新能力和技术力量整合能力的高低，表现为科技含量高、附加值高、投资强度大、产出效益高、拉动力强、占用土地资源少，主要包括产业结构高端化、技术高端化、产品功能高端化等。也就是说，制造业高质量发展下，产业内部结构将从低端走向高端，从劳动密集型和资本密集型向技术密集型和知识密集型转变，从单一功能走向多元化、复合化、智能化。

产业知识密集、科技含量高、资本投入高、附加值高、消耗低、污染低，在国民经济产业体系或产业链条中处于控制或优势地位，对下游产业和相关产业具有明显的带动作用，对产业升级具有极强的驱动作用，对高端人才具有极强的集聚力，是具有高速度和长周期增长的产业。产业相对传统产业，从依赖资源和劳动力获取较低附加值的产业向依靠高技术、高人力资本获取高附加值的产业转变；相对于产业链低端，从简单的加工、组装环节向研发设计、物流营销等环节转变，需求收入弹性与附加价值越来越高，产业间技术转移速度不断加快，以推动技术进步与深化加工层次，实现资源节约和最佳利用。

第三，产业服务化。工业 4.0 推动生产线的柔性化改造，定制化生产的能力越来越强，推动产业形态日趋服务化。这是由于未来城市消费者对于产品的理解在发生变化，对产品的功能性的诉求慢慢在下降。过去工业产品市场强调产品的性价比，而现在低价格竞争策略可能会失效，需要更多与客户沟通，通过消费服务方式，不断地提高附加值，打造完全不同于以往的商业模式。

制造业高质量发展下，产业将以人为一切资源节点，一个产品从生产线到消费者，中间原来有很多经销商、分销商，随着科技革命与技术变革加速，产业服务水平不断提升，不能够为企业或者消费者提供增值的经销商将会消失掉。若发展到极致环境，在极致商业模式下，产业从生产线到消费者中间将不存在渠道商，运用个性化制造技术，提供更高匹配度的产品和服务，即产业完全为一个人服务的产业形态商业模式。

第四，产业组织网络化。网络信息技术的快速发展和深入应用，不断涌现"云组织"等新兴事物，深刻改变着产业运行方式，促使产业企业的组织方式和竞争关系发生巨大变化。外界市场竞争环境的快速变化驱使企业调整生产方式加以应对。制造业高质量发展下，产业在打造核心竞争优势的同时，需充分利用产业间网络化联系，以合作竞争的形式构建灵活响应外部环境的组织形态，更好地适应网络经济时代的市场环境，为产业创新创造开放灵活的外部条件。

制造业高质量发展下，产业之间通过信息交流与知识共享的合作竞争关系，打破传统线性价值链的单一思维，突破产业链各个环节的原有壁垒，形成"竞合共生"的产业生态，吸纳外界补充资源，实现协同创新，重建价值创造。这种产业组织网络突破了传统企业依靠自身有限资源的发展局限，通过联合企业间异质资源的互补与共享实现协同倍数效应，是一种全新的组织方式变革。借助网络信息技术，产业突破传统产业边界，推动产业间的相互渗透，建立了以知识分工合作为基础的网络状关系，通过知识共享，构成复杂网络组织系统，在动态分工中实现共同目标。

第五，产业竞争资本化。随着经济发展，产业与金融业的内在融合日益紧密，让资本在塑造产业核心竞争力方面发挥越来越重要的作用。在经济运行中为了共同的发展目标和整体效益，产业与金融业通过参股、持股、控股和人事参与等方式实现内在融合，以资本驱动产业发展，通过推动企业资产股权化，释放资本流动性，让资本"脱实向虚"，有利于发现培育新的市场机会，壮大新兴产业，提升产业核心竞争力，更好地推动和落实"大众创业、万众创新"，让实体经济插上金融翅膀。

制造业高质量发展下，产业与金融业的内在融合并非简单地将产业资本与金融资本共同置入一个公司主体控制之下就可以产生经济效益的，而是利用创投、并购、存量整合形成资本放大，以核心产业强化带动短中长线投资的乘数效应，带动产业资本发展，产生真正的产业效益，再反过来继续推动金融资本升值，两者螺旋上升，做到真正的联动。

第六，产业高效生态化。无论从积极方面看，还是从消极方面看，人类赖以生存和发展的地球已日益不堪重负。因此，制造业高质量发展下，产业势必凸显高效生态化，按照生态经济原理和生态规律，通过不同生态绩效水平产业的交替发展、产业间生态关联程度和协调能力的提高，促进生态要素在产业间合理配置与流动，提高生态要素生产率及其增长率，使多个生产体系或环节之间通过产业系统、自然系统与社会系统之间耦合和物质、能量的多次利用，实现高效的产出和资源环境的系统开发和持续利用。

近年以来，全球气候日渐趋向变暖、极端气候条件频发等更使绿色、低碳成为产业今后不变的战略发展方向。产业应是生态系统中的一体化模式，不是考虑单一部门与一个过程的物质循环与资源利用效率，而是基于生态系统承载力，大力推广资源节约型生产技术，建立资源节约型的产业体系，系统地解决产业活动与资源、环境的关系，减少对环境资源的破坏，倡导绿色环保，协调自然、社会与经济的持续发展。

第五节　何为制造业高质量发展"一观三论"绩效观

制造业高质量发展离不开财政资金支持，只要涉及财政拨款，就必然要吻合绩效指标构建的价值理性"一观三论"，即是在政府花钱购买公共服务的理财观、公共委托代理论、结果导向管理论和"顾客"服务论背景下，推动制造业高质量发展呈现动态正向演进的过程。因此可以说，财政绩效评价也是适应"制造业优化升级"，由高速增长转为高质量发展的重要着力点。

一、如何理解制造业高质量发展的"理财观"

财为民而理，财为民所用。特别是财政是国家治理的基础和重要支柱，推动中国经济发展跨越关口、实现立国之本——制造业高质量发展更是财政部门履职尽责的应有之义。简单来说，首先就是政府预算支出的目的是购买公共服务，而不是养人、养机构，制造业高质量发展也不例外，因此我们需要不断地回答，政府在支持制造业高质量发展方面都有什么支出、取得了什么效果等问题来构建绩效指标体系，其次按逻辑分析法，将绩效指标分为投入、结果、能力和满意率四个维度，并以此建立绩效指标评价体系，最后还要考虑反映政府支持制造业高质量发展方面投入产出的效果指标能否诠释投入目的，这是评价制造业高质量发展绩效指标优劣的基本标准。

深化供给侧结构性改革，能够有效调整经济结构、转变经济发展方式，是提高制造业供给体系质量，实现制造业高质量发展的必由之路。如何调整制造业供给体系？政府通常主要是通过部门预算支出来实现。基于 2016 ~ 2018 年工业和信息化部及上海、云南、浙江等各省市的制造业部门预算支出分类梳理汇总分析后，我们可以得出当前我国财政资金主要用于制造业的部门预算支出的各个类别，如表 3 - 2 所示。

表 3 - 2   制造业部门预算支出分类

科目编码	科目名称
201	**一般公共服务支出**
20113	商贸事务
2011350	事业运行
20131	党委办公厅（室）及相关机构事务
2013101	行政运行
2013102	一般行政管理事务
2013103	机关服务
2013105	专项业务
205	**教育支出**
20503	职业教育
2050302	中专教育
2050303	技校教育
2050305	高等职业教育
2050399	其他职业教育支出
20508	进修及培训
2050899	其他进修及培训
206	**科学技术支出**
20601	科学技术管理事务
2060199	其他科学技术管理事务支出
20604	技术研究与开发
2060402	应用技术研究与开发
2060403	产业技术研究与开发
20607	科学技术普及
2060703	青少年科技活动
20699	其他科学技术支出
2069903	转制科研机构
208	**社会保障和就业支出**
20805	行政事业单位离退休

科目编码	科目名称
2080501	归口管理的行政单位离退休
2080502	事业单位离退休
2080503	离退休人员管理机构
2080504	未归口管理的行政单位离退休
2080505	机关事业单位基本养老保险缴费支出
2080506	机关事业单位职业年金缴费支出
2080599	其他行政事业单位离退休支出
210	**医疗卫生与计划生育支出**
21011	行政事业单位医疗
2101101	行政单位医疗
2101102	事业单位医疗
2101103	公务员医疗补助
2101199	其他行政事业单位医疗支出
21099	其他医疗卫生与计划生育支出
2109901	其他医疗卫生与计划生育支出
211	**节能环保支出**
21110	能源节约利用
2111001	能源节约利用
21199	其他节能环保支出
2119901	其他节能环保支出
215	**资源勘探信息等支出**
21501	资源勘探开发
2150199	其他资源勘探业支出
21502	制造业
2150201	行政运行
21503	建筑业
2150301	行政运行
21505	工业和信息产业监管

续表

科目编码	科目名称
2150501	行政运行
2150502	一般行政管理事务
2150503	机关服务
2150506	信息安全建设
2150508	无线电监管
2150510	工业和信息产业支持
2150513	行业监管
2150599	其他工业和信息产业监管支出
21508	支持中小企业发展和管理支出
2150805	中小企业发展专项
2150899	其他支持中小企业发展和管理支出
21599	其他资源勘探信息等支出
2159904	技术改造支出
2159999	其他资源勘探信息等支出
221	**住房保障支出**
22102	住房改革支出
2210201	住房公积金
2210203	购房补贴
222	**粮油物资储备支出**
22204	粮油储备
2220499	其他粮油储备支出
22205	重要商品储备
2220508	医药储备
2220509	食盐储备

资料来源：作者根据工业和信息化部及上海、浙江、云南等省市制造业部门预算支出分类有关资料整理所得。

从表3-2中，我们可以看出，我国当前用于制造业领域的财政支出种类较为繁杂，其中不仅包括基本支出，还包括项目支出，而基于制造业高质量发展的本质，我们在后期指标设计中，只重点考虑项目支出部分。项目支出是行政单位为完成特定的工作任务或事业发展目标，除基本预算支出外，财政预算专项安排的支出。这是由于项目支出是财政资金调整制造业产业内与产业间的结构，引导要素优化配置，加大补短板力度，促进制造业高质量发展的着力点所在。绩效预算中的项目评价指的是项目相对于目标实现程度的分析和判断。

当前，我国为改造提升传统产业和大力发展新兴产业，拨财政专项款用于钢铁、煤炭行业化解过剩产能中的职工安置工作，以及工业转型升级基金等；支持实施工业强基、智能制造等工程以及首台（套）重大技术装备保险保费补偿试点，助力集成电路、新材料等重点行业发展；调整完善新能源汽车推广补贴政策等一系列举措。那么，基于财政绩效视角，这些财政支出都取得了什么效果，能否诠释投入目的等问题，都需要设定相应的绩效指标体系进行评判，"花钱就要问效"，而非"支出了就完事"。这才能产生"问效"甚至"问责"压力，让相关财政部门等将有限的财政资金真正花在刀刃上，切实有效促进制造业高质量发展。需要注意的是，在绩效预算中经常还有一个术语是"政策评价"，一般而言政策评价的范围要宽，要包含几个项目、包含规章制度、包含项目和规章之间关系的分析。本书的分析框架也适用于政策分析，因为在许多国家政策分析和项目分析的区别不是太明显①。

二、如何理解制造业高质量发展的"公共委托代理论"

任何制度都是以人为对象，建立在某种假定之上，所谓的"假定"也就是制度的前提。政府与部门之间是领导与被领导关系，但实质是委托关系，即政府依法将公共事务，连同相关权力和预算委托给部门管理，那么政府就是委托人，而部门就是受托人，公共事务（职能）是委托事项，预算是委托费用。因此，按照契约理论，受托人要忠实地履行受托事项，基于结果的监督机制——绩效评价，防范"道德风险"等行为，全力维护政府合法权益。

①　Richard Allen and Daniel Tommasi. Managing Public Expenditure – A Reference Book for Transition Countries [R]. OECD, 2001: 369.

对此，2018 年 9 月，中共中央、国务院颁发的《关于全面实施预算绩效管理的意见》要求，力争用 3~5 年时间基本建成全方位、全过程、全覆盖的预算绩效管理体系，实现预算和绩效管理一体化，全面提升财政资源配置效率和使用效益，促进经济在质的大幅提升中实现量的有效增长。

就制造业领域来说，政府与部门之间也是委托代理关系，政府将推动制造业高质量发展的财政资金下拨给部门，委托部门用此财政资金促进制造业提质增效。简单来说，制造业全面实施预算绩效管理，就是要构建全方位预算绩效管理格局，将制造业高质量发展所涉及的主要项目支出预算全面纳入绩效管理，加快建立"花钱必问效、无效必问责"硬约束机制，明确各级政府和各部门各单位是绩效管理责任主体，制造业高质量发展的项目责任人要对项目预算绩效负责，其中对重大项目预算支出肩负有绩效终身追究责任。另外，也要强化绩效管理激励约束，建立绩效评价结果与制造业高质量发展的预算安排和政策调整挂钩机制，旨在提高有限财政资源配置效率，提升政府行政效能和公共服务质量，不断提高制造业领域的投入产出效率、科技进步贡献率、全要素生产率等，促进制造业高质量发展。

三、如何理解制造业高质量发展的"结果导向理论"

"结果导向理论"指出，任何管理都有目标、拨款、过程、结果、影响——效果环节，既然政府基于公共委托代理理论，已经将过程委托给相关部门，继而关注点也就相应转向结果。这是因为只有结果才能真正说清"做得怎样"，即预算支出是否有效，旨在为了明确受托人绩效责任，并给予部门、项目配置及绩效目标相适应的资金，使之具备行为能力。可以说，重视结果——业绩评价是为了有效反映出委托人所具备的业绩能力及责任能力，发挥绩效评价的导向作用。

就制造业高质量发展而言，政府财政资金推动制造业高质量发展的结果是已经存在的事实，通过对结果的评价，有利于我们弄清楚财政资金推动制造业高质量发展的现状，引导政府下一步工作。另外，由于不同的部门，或同一部门的不同制造业高质量发展的用途资金的结果是不同的，因而若要建立一个通用的、万能的标准是不可能的，但可以构建具有一定通用的指标评价体系，然而再根据各部门、各项目等各自的个性化要求，修改完善通用的指标评价体系，最终架构出与各部门、各项目等相适应的绩效指标评价体系。

四、如何理解制造业高质量发展的"顾客服务论"

以公众是否满意来对公共事业管理结果做出评价，这是 20 世纪 70 年代世界范围内开始的政府管理改革运动中，"行政就是服务，公众就是顾客"改革的必然结果。公共管理机构的宗旨是向公众提供公共服务，在相当程度上公共管理机构和公众是生产者和提供者与顾客的关系，公共管理机构的服务必须围绕公众的需求进行，只有当提供的服务满足了作为消费者的公众需要；只有当公众对服务满意时，公共管理机构的服务才是良好的服务，才实现了公共服务这一特殊"商品"的价值——公共管理机构才真正产生绩效①。

当前，制造业发展转向高质量发展是社会主要矛盾转化的客观要求，正如党的十九大报告中所指出的"中国特色社会主义进入新时代，我国社会主要矛盾已经转化为人民日益增长的美好生活需要和不平衡不充分的发展之间的矛盾"。这主要是由于改革开放以来，我国经济实力显著提升，已经很大程度上改变了原来生产力落后状况，但也越来越受到产业结构性矛盾尖锐、生产效率性问题突出、资源环境约束日益趋紧等因素影响。而人民日益增长的美好生活需要不仅包括物质和精神生活的丰富，也包括对良好生态环境的需要，因此只有实现制造业高质量发展，才能满足人民对物质文化生活的更高要求。

特别是随着我国居民收入水平日益提高，消费者对高端制造产品的需求更加旺盛，但国内制造业现有产品供给还不能很好满足需求结构当前变化，导致越来越多的优质高端制造产品等高端需求转向海外。近年来，我国消费者越来越多地转向国外采购消费品，就是国内制造业供给质量不能很好满足国内需求的真实反映。因此，具体来说，制造业高质量发展就是以不断满足人民日益增长的美好生活需要为目标的包容性发展，即包括创新发展、协调发展、绿色发展、开放发展、共享发展五大方面。这是适应我国经济结构变

---

① 财政部科学研究所《绩效预算》课题组．美国政府绩效评价体系［M］．北京：经济管理出版社，2002．

化和全面建成小康社会、全面建设社会主义现代化国家的必然选择。

第六节 制造业高质量发展指标评价体系

基于以上所述，本节运用层次分析法（AHP），按照投入类、产出与结果类、能力建设类、社会评价类、加减分类五大类将与制造业高质量发展有关元素分解，构建绩效指标评价体系，如表3-3所示。一方面，构造判断矩阵A。将同一层次内各个指标相对重要性的判断由若干长期从事制造业高质量发展的战略专家、理论与实务专家等完成，并对指标的相对重要性进行评判，将决策者的经验判断定量化，增强决策依据的准确性；另一方面，利用几何平均法计算各备选元素的权重。计算判断矩阵A各行各个元素的乘积，得到一个N行一列的矩阵B；计算矩阵B中每个元素的N次方根得到矩阵C；对矩阵C进行归一化处理得到矩阵D；该矩阵D即为所求权重向量。需要注意的是，一方面，根据制造业高质量发展阶段不同，层次分析法中元素权重会随之有所不同，同时绩效指标评价体系中指标也会有所增减变化；另一方面，部分层级指标的细化指标将在各章中进一步有所说明。

表3-3 制造业高质量发展指标评价体系

指标名称	行次	权重	评价值	绩效数据		
				2018 年	2017 年	2016 年
A 投入						
A1 制造业固定资产投入强度						
A2 制造业人才投入强度						
A3 制造业创新投入强度						
A4 制造业产业扶持投入强度						
A5 制造业节能环保投入强度						
A6 预算项目资金到位率						
A7 重点项目资金完成率						
A8 审计结果：不合格资金占比						

指标名称	行次	权重	评价值	绩效数据		
				2018 年	2017 年	2016 年
B 产出与结果						
B1 速度效益类指标						
B2 创新驱动类指标						
B3 协调发展类指标						
B4 开放发展类指标						
B5 共享发展类指标						
B6 绿色节约类指标						
C 能力建设						
C1 全要素生产率						
C2 制造业全员劳动生产率						
C3 两化融合发展水平						
C4 营商环境						
D 社会评价						
D1 满意度评价						
D2 廉政建设						
D3 12345 热线涉制造业投诉案件处结率						
E 加减分项						
E1 获得省级以上的奖项或奖励						
E2 安全等应急事件的成功处理率						

第四章

制造业高质量发展的投入及其指标分析

纵观世界经济发展史，无论科技革命如何变革，全球分工体系如何调整，产业结构如何优化调整，制造业始终都是一个国家或地区发展的主题，是现代国家或地区发展的基石，是推动工业化演进的重要基础，是国家或地区竞争力的重要体现。制造业经历了一次又一次的突破和飞跃，很大程度上是以人为中心，技术和资本两种主要力量共同推动下实现的。我国制造业企业数量众多，为经济发展和国家综合实力提高做出了极大贡献。在经济高质量发展的新时代背景下，面对激烈的市场竞争环境，我国政府更需加强绩效管理，提高绩效水平，重点提高创新投入效率、人力投入效率、节能环保资金投入效率等，最大化有限资金的利用率，引导与支持制造业企业不断增强自身核心竞争力。

第一节　创新投入及评估指标

制造业高质量发展是我国经济高质量发展的基础和建设制造强国的着力点，更是建设社会主义现代化经济体系的关键。这是由于制造业是技术创新的第一源泉和核心领域，是经济效率提升的坚实物质基础和健康可持续发展的根本保证。当前，我国创新投入逐年递增，增速已处于世界前列，特别是科学研究与试验发展（R&D）研究经费投入强度已达到中等发达国家水平，但我国当前创新投入特别是关键领域的技术创新能力不强、基础研究投入不足等问题，亟须采取制造业高质量创新指标体系建设，优化创新投入结构，提高创新投入产出效率，推动制造业高质量发展。

一、投入概况

瓦科拉夫·斯米尔在《美国制造：国家繁荣为什么离不开制造业》一书中指出，经济增长最恒久的动力来自技术创新，制造业是现代西方社会技术创新的第一源泉，也始终是实现独立发明和技术改进的核心领域；制造业不仅是把"有益知识"（包括技术进步、发明创新的更广义、更基础的词汇）转化为物质财富的基本模式，而且在以知识演化为构成现代化社会基础的诸多便捷服务的过程中，制造业同样是最根本的手段①。制造业一直以来都是发达国家社会技术创新的核心领域，更是技术信息的第一大源泉，正是以技术进步改造了现代经济的各个方面。随着知识经济日益强盛以及科技体制改革逐步完善，我国越来越意识到研发的重要性，不断引导制造业增加研发投入，取得了一定成效。

（一）R&D 经费

近年来，我国日益加大技术创新 R&D 经费投入力度，通过国家科技计划等渠道，中央财政支持实施"制造基础技术与关键部件""战略性先进电子材料""重点基础材料技术提升与产业化专项"等国家重点研发计划重点专项和"高档数控机床与基础制造装备"国家科技重大专项，支持制造领域符合条件的共性技术和重大关键技术研发等，推动技术创新能力不断提高，但是与我国制造业发展实际需要相比，既仍有不足，又投入效率不高，诸如因2018 年中美贸易摩擦加码而引发的"中兴事件"，彰显出国内的一些核心零部件、关键技术领域依赖国外、受制于人的问题依然突出。据国家统计局数据显示，我国在 2017 年的 R&D 经费总投入已经达 1.75 万亿元，仅次于美国，居全球第二位，总量比上年增长 11.6%，增速较上年提高 1 个百分点，投入强度（研发经费与国内生产总值之比）为 2.12%。也就是说，我国R&D 经费投入不存在强度太弱的问题，也不存在资金缺少的问题，而是资金投入产出效率低下，导致我国部分领域的技术创新 R&D 经费投入力度逐步提

---

① 瓦科拉夫·斯米尔. 美国制造：国家繁荣为什么离不开制造业［M］. 李凤海，刘寅龙，译. 北京：机械工业出版社，2016.

高，但由于投入产出效率不高，尚未取得突破性进展。

1. 集成电路领域

为推动集成电路加快发展，"十三五"规划期间，我国就成立了国家集成电路产业投资基金（简称"大基金"），中央财政、国开金融、中国移动、上海国盛、中国电子、中国电科等以直接入股方式对国内半导体企业给予财政支持，支持创新研发，同时协助购并国际大厂。据工业和信息化部有关数据显示，2014 年 9 月 24 日，"大基金"成立，初期规模为 1200 亿元，截至 2017 年 6 月达到 1387 亿元（继之后的"二期"规模达到 1500 亿～2000 亿元），"大基金"撬动了 5145 亿元的地方政府层面的产业基金。但是如此强大的财政支持，却至今难以改变集成电路关键核心技术受制于人的局面，仍严重依赖国外进口。如 2014～2017 年，我国集成电路年进口额分别为 2176 亿美元、2299 亿美元、2270 亿美元及 2601 亿美元，2018 年更首次突破 3000 亿美元。整体来说，集成电路产业是专利密集型高技术产业，但我国集成电路企业在设计、制造工艺、封闭测试各环节的核心技术创新和专利布局的积累上，与国际行业巨头相比，有较大差距，特别是发明专利比例较低。

2. 工业机器人领域

随着人工智能（AI）技术不断提高，工业机器人越来越成为人们关注的焦点。为推动制造业转型升级，我国于 2015 年提出《中国制造 2025》，截至目前，仅中央部委就已经发布了近 10 条有关工业机器人的产业政策，各地区也纷纷加大对工业机器人的财政补贴，相关产业基金也导出不穷，如表 4 - 1、表 4 - 2 所示。如广东、浙江等地区陆续出台了支持工业机器人的相关财税补贴措施，其中，广东省专门在"工业与信息化发展专项资金"中安排了工业机器人发展专题资金，2016 年达到 3.6 亿元，同时还给予一定比例的采购价格补贴；深圳市每年设置 5 亿元专项资金，用于补助工业机器人等产业发展；东莞市政府给予企业购买国产工业机器人 15% 的补助，镇一级还配套了 20%～50% 规模不等的财政补贴。再如，截至 2018 年底，浙江省财政已经累计安排近 6 亿元资金支持"机器换人"技术改造，出台省与地方按 1:2 配套的工业机器人购置奖励补贴政策，购置工业机器人按价格的 10% 补贴。此外，机器人相关产业基金层出不穷。如天津、长沙等地区陆续成立产业基金。其中，天津滨海新区政府、中国交通建设集团、渤海银行等共同发起成立了 300 亿

元的智能科技产业母基金；长沙市政府与清科集团、风云资本、华民资本等
共同成立 100 亿元的长沙智能制造产业投资基金。但是，整体来看，尽管中
国基本掌握了机器人本体设计制造、控制系统软硬件、运动规划等工业机器
人相关技术，但总体技术水平与国外相比，仍存在较大差距。特别是在人机
对话、智能化技术、感应测量、认知等核心及关键技术方面缺乏原创性成果
和创新理念，精密减速器、伺服电机、伺服驱动器、控制器等高可靠性基础
功能部件方面与国外技术差距依然突出。

表 4 – 1 各地对工业机器人的资金投入

省市	年份	财政补助额度	备注
广东	2015	3 亿元	财税补贴
	2016	3.6 亿元	机器人发展专题资金
浙江	2015	6 亿元	财税补贴
深圳	2014	每年投入 5 亿元	《深圳市机器人、可穿戴设备和智能装备产业发展规划》
长沙	2015	1 亿元	《机器人产业发展三年行动计划》
武汉	2017	100 亿元	与企业共同出资，建立机器人产业园
顺德	2014	15 亿元	支持制造企业开展智能化技术改造
柳州	2015	投资额的 20% ~30%	财政补贴
苏州	2016	2016 ~2018 年，每年新增不低于 5000 万元	支持工业企业实施装备升级改造
扬州	2016	总价的 15%	《扬州市企业技术改造券管理办法》

资料来源：作者根据政府相关文件整理而成。

表 4 – 2 各地成立与机器人相关的产业基金

省市	年份	额度（亿元）	备注
沈阳	2015	200	机器人产业发展基金，政府出资设立
上海	2015	50	智能制造产业基金，政府出资设立

续表

省市	年份	额度（亿元）	备注
东莞	2016	15	智能制造产业基金，由广东国唐智能科技产业发展有限公司与广东融川股权投资基金管理有限公司共同发起成立
青岛	2016	5	智能制造产业基金，政府与上市公司共同出资设立
长沙	2016	100	智能制造产业基金，政府与企业共同出资设立
洛阳	2017	11	智能制造产业基金，政府出资设立
天津	2017	300	智能科技产业基金，政府与企业共同出资设立
佛山	2017	5	智能制造产业基金，政府出资设立
盐城	2017	100	智能制造产业基金，政府与中信银行共同发起出资设立
北京	2017	8	智能制造产业基金，政府出资设立
扬州	2017	10	智能制造产业基金，政府基金、上市公司、金融机构共同出资

资料来源：作者根据政府相关文件整理而成。

3. 数控机床领域

数控机床作为制造业发展的基石，位居价值链高端和产业链核心环节。加快数控机床特别是高档数控机床的自主创新进程，成为制造强国建设的重要着力点。需要注意的是，数控机床不是普通商品，特别是高档数控机床及其关键部件（高档数控系统等）被列入《瓦森纳协定》清单，属于国家战略物资，禁止公开国际采购。可以说，推动数控机床特别是高档数控机床产业发展，对于提升装备制造业的整体实力和竞争力，促进制造业高质量发展具有重要意义。当前，我国中低档数控机床已经基本实现产业化，并开始走向国际化，产业质量和技术整体接近于国际先进水平，部分产品已经达到国际领先水平。但面对美国、日本、德国等制造业强国在高档数控机床的市场垄断局面，我国不断加大财政补贴等支持力度，意在引领高档数控机床向集群化发展。例如，早在2009年，我国就开始实施"高档数控机床与基础制造装备"国家科技重大专项，计划到2020年实现航空航天、船舶、汽车、发电设备制造所需要的高档数控机床与基础制造装备70%~80%的国产化。但我国当前国产高档数控机床的国内市场占有率仅为5%左右，其中，数控机床核心关键组成部分——数控系统，德国西门子和日本马扎克、发那科处于世界领先水平，目前国内中高档机床的数控系统基本从国外进口①。

此外，还有与智能制造相关的工业软件，如计算机辅助设计（CAD）和计算机辅助仿真（CAE）开发设计能力严重滞后，与国外工业软件相比，技术差距呈扩大之势。

可以说，我国制造业企业研发的投入、强度、投入—产出等指标在各方面的不懈努力下，都有了较为明显的改善，但是技术创新等财政补贴资源配置效率不高、科技成果转化率低等问题始终没有很好解决。

（二）研发费用加计扣除

作为与市场主体直接相关的税收优惠政策，研发费用加计扣除实际就是以"减让税收收入"的方式，营造创新发展的整体氛围，降低企业研发负担，给企业提供良好的研发环境，促使企业科技创新链条更加灵巧，技术更新和成果转化更加快捷，支持企业发展创新，推动创新型国家发展。早在1996年，我国就实施了研发费用加计扣除政策，历经20多年的数次优化调整，研发费用加计扣除政策逐步扩大优惠范围，不断完善扣除方式，逐步规范统一政策执行口径，如表4-3所示。

表4-3　　　　　　　2013年至今我国现行研发费用加计扣除政策

政策名称	政策内容梗概
《财政部、国家税务总局关于研究开发费用税前加计扣除有关政策问题的通知》	基于中关村国家自主创新示范区试点经验，将扩大研发费用加计扣除范围试点政策推广至全国
《关于完善研究开发费用税前加计扣除政策的通知》	放宽研发费用范围，大幅减少研发费用加计扣除口径与高新技术企业认定研发费用归集口径的差异，并首次明确了负面清单制度
《国家税务总局关于企业研发费用税前加计扣除政策有关问题的公告》	再降低企业享受优惠的门槛，简化研发费用在税务处理中的归集、核算及备案管理

---

① 中国社会科学院工业经济研究所．中国工业发展报告（2017）［M］．北京：经济管理出版社，2017．

续表

政策名称	政策内容梗概
《财政部、税务总局、科技部关于提高科技型中小企业研究开发费用税前加计扣除比例的通知》	将科技型中小企业享受研发费用加计扣除比例由50%提高至75%
《国家税务总局关于提高科技型中小企业研究开发费用税前加计扣除比例有关问题的公告》	进一步明确政策执行口径,保证优惠政策的贯彻实施
《科技部、财政部、国家税务总局关于印发〈科技型中小企业评价办法〉的通知》	明确了科技型中小企业评价标准和程序
《国家税务总局关于研发费用税前加计扣除归集范围有关问题的公告》	指出研发费用归集范围,完善和明确部分研发费用掌握口径

资料来源:作者根据政府相关文件整理而成。

研发费用加计扣除,是企业所得税的一种税基式优惠方式,一般是指按照税法规定在实际发生支出数额的基础上,再加成一定比例,作为计算应纳税所得额时的扣除数额。研发费用加计扣除政策旨在通过给予企业应纳税所得额优惠,引导企业加大研发投入,提高企业的自主创新能力,加快我国产业结构的调整和优化升级。当前,按照当前政策规定,企业为了开发新技术、新产品、新工艺的研发费用,未形成无形资产计入当期损益的,在按照规定据实扣除的基础上,按照研发费用的50%加计扣除;形成无形资产的,按照无形资产成本的150%摊销。对于科技型中小企业而言,自2017年1月1日至2019年12月31日,研发费用加计扣除比例由50%提高至75%。

研发费用加计扣除政策自实施以来,对国内行业特别是制造业创新产生了显著的促进作用。2017年,全国研发费用加计扣除政策的减税额约1000亿元,在所有享受减税优惠的企业中,制造业企业占比超过60%,成为该项政策的最大受益者,制造业企业年减税额约600亿元,有效刺激了企业研发投入的积极性。但是从世界范围看,各国普遍适用两种税收优惠形式,即加计扣除和税收抵免。其中,美国、日本、澳大利亚等国采用的是税收抵免方式,新加坡、俄罗斯、印度、巴西等国采用的是加计扣除方式。相比而言,我国研发费用加计扣除还有待于进一步提高,如表4-4所示。

表 4 - 4   代表性国家研发费用加计扣除政策对比

国家	优惠内容
新加坡	合格研发费用可按 100% 加计扣除；特定发生在新加坡境内的研发支出享有 50% 的额外扣除；对一些特定的研发支出，前 40 万新元享有额外的 250% 或 300% 的加计扣除；对政府批准的某些费用可以享受 200% 的加计扣除。需注意，总限额为年度费用的 200%
俄罗斯	特定的科研费用享受 150% 的加计扣除，符合条件的公司可负担较低的社会保障费或者可享受较低的所得税税率
巴西	对总研发支出的 160% 进行加计扣除；当年新增科研人员数量达 5% 的，加计扣除额增加至 170%；新增科研人员数量超过 5%，加计扣除额增加至 180%；申请并注册专利，可以享受额外 20% 的加计扣除优惠；研发活动相关资产可享受特殊的折旧分摊方式
印度	内部研发费用按 200% 加计扣除，对支付给研究机构的费用按 125% ~200% 加计扣除。需注意，所有享受税收优惠的研发活动必须发生在本国境内
土耳其	对研究人员数量超过 500 人的，可按计税基数 100% 加计扣除研发费用；对拥有超过 500 个功能性测试设备的研发中心，增加研发费用可享有 150% 的抵扣；所缴纳的社会保障金的 50% 可在 5 年内得到补偿。需注意，可结转任意年份，但数额受限

资料来源：作者根据政府相关文件整理而成。

　　企业研发费用加计扣除政策主要在于鼓励企业发展创新，减轻研发负担，推动创新型国家发展目标的实现。但是企业真正享受到政策优惠并不容易。

　　首先，研发项目界定不清。根据政策规定，只有"实质性改进"才能享受研发费用加计扣除优惠的研发活动，即要确认研发活动是否符合标准，在技术、工艺、产品等方面获取的价值，能否引导、推动或促进地区内相关行业发展。这项确认环节的专业性和技术性较高，导致税务部门与企业对此存在较大认知差异。这就需要转请科技部门给予鉴定意见，却又受制于科技与税务部门跨部门联运和信息交流机制不畅，难以及时给予客观评判，反而进一步加重了企业负担，束缚了研发费用加计扣除政策有效落实。

　　其次，研发费用归集复杂。这个难度主要体现在会计制度规定与实际处理情况不一致上。虽然新政策取消了研发费用专账管理，但仍要求按照研发项目实行辅助账。也就是说，企业研发费用的归集工作需要较高素质的会计人员，既能熟悉掌握研发活动全程，又能了解政策对研发费用的归集要求，但实际操作中，财务人员不熟悉研发活动，而研发人员不懂财务，双方业务沟通机制不畅达，导致研发费用归集容易出错。

最后，政策落实有难度。研发费用加计扣除会减少财政收入，部分地方政府存在抵触心理，政策的执行力因此而有所下降，落实政策缓慢，无法及时根据政策实施具体方案，再加上没有系统化、科学化的较为健全的管理、监督体系，政府部门内部工作协调性较差，难以有效发挥政策应有作用，导致我国当前东部地区的研发费用加计扣除减免税额高、西部地区低的现象。

二、存在问题

近年来，随着知识经济时代的到来，世界各国提升国力的主要手段之一就是加大创新投入，重点提高创新投入产出效率，挖掘创新的力度与深度，以科技实力争夺国际舞台的主导权。2018 年中美贸易摩擦警醒我国在集成电路、工业软件等制造业发展关键核心环节的"短板"所在，但分析发现，我国在这些领域的财政补贴及税收优惠并不少，却难以达到预期的创新目标，主要是由于创新投入配置资源存在研发投入强度较低、基础研究和应用研究投入较弱以及研发活动侧重于传统产业等问题。

（一）研发投入仍不足

我国研发投入提高较快，但与韩国、日本、德国、美国等发达国家相比，仍有较大差距。根据经济合作与发展组织（OECD）数据显示，2013 年，我国 R&D 经费总量就首次跃居全球第二次，仅次于美国，当年 R&D 经费总量约为美国的 40%，至 2017 年，R&D 经费总投入已达 1.75 万亿元，接近美国的 60%，两国差距在日益缩小。可见，我国研发投入量逐年提高，但是 R&D 经费投入强度为 2.12%，与发达国家仍存有一定差距，还处于中等发达国家水平。2017 年，韩国、日本、德国、美国等发达国家的研发经费投入强度分别为 4.6%、3.2%、3%、2.8%，反观我国才达 2.12%。此外，全国政协经济委员会副主任、工业和信息化部原部长李毅中指出，我国研发经费投入强度低于北欧一些先进国家的 3% ~ 3.5%；相对来说，企业研发投入更加不足，我国规模以上企业经济投入占销售比例为 0.9%，而发达国家一般平均都在 2% 或 2% 以上；在统计的 36 个工业行业里，其中高于平均值 0.9% 的仅占 1/3，与国际优秀同行相比仍然有差距。[①]。

（二）基础研究投入的规模和占比不高

研发投入包括基础研究、应用研究、实验发展三个方面。其中，基础研究是为了揭示客观事物的本质、运动规律，获得新发展、新学说而进行的实验性或理论性研究；应用研究是为了确定基础研究成果可能的用途，或是为达到预定的目标探索应采取的新方法或新用途。试验发展则是利用从基础研究、应用研究和实际经验所获得的现有知识，为生产新的产品、材料和装置，建立新的工艺，以及对已产生和建立的上述工作进行改进。因此，基础研究不仅是应用研究的先决条件与催化剂，也是制造业产业核心技术自主创新的源泉。但是我国研发经费支出中基础研究经费占比较低。2017 年，研发经费支出中基础研究经费占比为 5.2%，较 2010 年提高 0.65 个百分点，但我国的基础研究经费尚不足美国的 1/3，如表 4-5 所示。此外，长期以来，我国基础研究经费执行主体主要为政府研究机构与高校，企业参与基础科学研发意愿不强。根据 OECD 统计数据显示，我国企业研发投入中基础研究的经费占比不足 0.3%，反观，美国、日本、韩国等发达国家都保持在 6% ~ 12%，差距非常显著。

表 4-5　　　　　　　　　部分国家 R&D 经费的结构对标　　　　　　单位：%

项目	2017年	2009年	2010年	2010年	2010年	2008年	2010年	2008年	2009年	2010年	2010年
	中国	美国	日本	英国	法国	澳大利亚	意大利	瑞士	奥地利	丹麦	韩国
基础研究	5.2	19	12.7	8.9	26.3	20	25.7	26.8	19.1	17.6	18.2
应用研究	10.3	17.8	22.3	40.7	39.5	38.6	48.6	31.9	34.8	26.7	19.9
试验发展	84.5	63.2	65	50.4	34.2	41.4	25.7	41.3	46.1	55.7	61.8

资料来源：作者根据公开资料梳理所得。

---

① 李毅中. 专家：我国核心关键技术对外依存度高达 50%［N］. 经济参考报，2015-12-22.

（三）应用研究投入占比偏低

我国研发经费支出中应用研究经费占比远低于美国、日本、英国、法国等代表性国家。2017 年，我国研发经费支出中应用研究经费占比为 10.27%，而韩国、美国、日本则维持在 20% 左右，各国部分年份相关数据如表 4 – 5 所示。应用研究是基础研究和试验发展的中心环节，也是创新链条中将新知识转化为新产品不可或缺的重要一环，因此也就成为影响我国研发经费支出有效性的重要因素。

三、指标分解

根据以上分析，我们将制造业高质量发展指标评价体系中制造业创新投入强度进一步分解为制造业 R&D 人员投入强度、制造业 R&D 经费投入强度、制造业研发费用出口竞争度等诸多指标，如表 4 – 6 所示。

表 4 – 6 　　　　　　　　　制造业创新投入强度指标评价体系

指标	计算方法	备注
制造业 R&D 人员投入强度（%）	制造业企业 R&D 人员折合全时当量/制造业从业人员年平均人数	反映自主创新人力的投入规模和强度。R&D 人员全时当量是指按工作量折合计算的 R&D 人员
制造业 R&D 经费投入强度（%）	制造业 R&D 经费/GDP	是国际上通用的、反映国家或地区科技投入水平的核心指标，也是我国科技中长期科技发展规划纲要中的重要评价指标
制造业研发费用出口竞争度（%）	单位研发费用/出口份额	反映制造业企业在全球价值链的"垂直分工"地位，研发投入效率不高对出口竞争力提升形成拖累，用单位研发费用在出口份额的比例作为衡量研发投入效率的一种指标
制造业基础研究重视度（%）	基础研究人员人均经费/R&D 经费，即按基础研究人员全时当量平均的基础研究经费	基础研究是科学技术发展的根基，其水平在一定程度上可以代表一个国家的原始创新能力。该指标可以反映出政府在加强原始创新能力上所作的努力

续表

指标	计算方法	备注
制造业企业投入主动度（%）	制造业企业 R&D 经费/主营业务收入	反映企业作为创新活动主体的经费投入情况。受数据来源限制，该指标的数据口径为有 R&D 活动的大中型制造业企业
制造业科技拨款重视度（%）	科学技术支出/地方一般公共预算支出	政府财政科技拨款对全社会创新投入和创新活动的开展具有带动和导向作用，该指标反映政府对创新的直接投入力度以及对重点、关键和前沿领域的规划和引导作用
制造业政策落实度（%）	享受加计扣除减免税制造业企业/制造业企业总数	反映政府有关政策的落实情况，进而从一个侧面反映企业创新环境情况。受数据来源限制，该指标的数据口径为大中型制造业企业

第二节　人力投入及评估指标

新一代信息技术与制造业深度融合，正引发影响深远的产业变革，形成新的生产方式、产业形态、商业模式和经济增长点，推动我国制造强国建设步伐。建设制造强国，与美国、欧盟等发达国家和地区抢占未来制造业高地，关键要有一支高素质、结构合理的制造业人才队伍。但是，我国目前制造业人才队伍建设存在人才结构性过剩与短缺并存，特别是高技能人才和领军人才严重不足，制造业人才培养与企业实际需求脱节等问题。对此，我们应构建制造业高质量发展人力投入及评估指标体系，推动有重点、发力精准、标准明确的培养模式建设，更好地满足快速变化的市场环境下制造业对人才的需求。

一、投入概况

改革开放以来，我国经济快速发展，取得显著成效，很大程度上得益于教育投入的贡献，"人口红利"带来的劳动力禀赋比较优势，再加上教育水平日益提高，推动劳动力素质不断增强等因素，强有力地促进了经济增长。

当前，我国已经进入经济高质量发展阶段，经济高质量的可持续发展必然要以人力资本投资为导向，教育投入是实现人力资本积累的核心与关键。据有关研究结果显示，我国经济增长过程中，资本积累的贡献率为28%，劳动力数量增长与教育水平提高的贡献率两者都为24%，劳动力从农业向非农业的流动贡献了21%，其他体制改进因素的贡献为3%[①]。就制造业领域而言，制造业高质量发展人力投入主要涉及职业教育经费、社会保障和就业等方面。

（一）职业教育经费

2018年，财政部与税务总局联合发布的《关于企业职工教育经费税前扣除政策的通知》（以下简称《教育经费扣除通知》）明确指出，自2018年1月1日起，企业发生的职工教育经费支出[②]，不超过工资薪金总额8%的部分，准予在计算企业所得税应纳税所得额时扣除；超过部分，准予在以后纳税年度结转扣除。根据《中华人民共和国企业所得税法实施条例》第四十二条规定，除国务院财政、税务主管部门另有规定外，企业发生的职工教育经费支出，不超过工资薪金总额2.5%的部分，准予扣除。2018年3月中共中央办公厅、国务院办公厅发布的《关于提高技术工人待遇的意见》中还规定，企业可以从职工教育经费中列支相关工作室专项经费，支持高技能人才"师带徒"。此外，根据财政部、国家税务总局《关于调整个体工商户个人独资企业和合伙企业个人所得税税前扣除标准有关问题的通知》规定，个人独资企业和合伙企业发生的职工教育经费支出在工资薪金总额2.5%的标准内据实扣除。除上述规定外，企业职工个人参加学历教育，以及个人为取得学位而参加的在职教育，所需费用应由个人承担，不能挤占企业的职工教育培训经费。

除《教育经费扣除通知》外，还需要注意的是，一是根据《财政部、国家税务总局关于进一步鼓励软件产业和集成电路产业发展企业所得税政策的

---

① 蔡昉. 我国人口总量增长与人口结构变化的趋势［J］. 中国经贸导刊，2004（13）：29－31.
② 财政部等9部委发布的《关于企业职工教育经费提取与使用管理的意见》规定，企业职工教育培训经费列支范围包括：上岗和转岗培训；各类岗位适应性培训；岗位培训、职业技术等级培训、高技能人才培训；专业技术人员继续教育；特种作业人员培训；企业组织的职工外送培训的经费支出；职工参加的职业技能鉴定、职业资格认证等经费支出；购置教学设备与设施；职工岗位自学成才奖励费用；职工教育培训管理费用；有关职工教育的其他开支。

通知》规定，集成电路设计企业和符合条件软件企业的职工培训费用可100%税前扣除；二是根据《国家税务总局关于企业所得税若干问题的公告》规定，航空企业实际发生的飞行员养成费、飞行训练费、乘务训练费、空中保卫员训练费等空勤训练费用可100%税前扣除；根据《国家税务总局关于企业所得税应纳税所得额若干问题的公告》规定，核电厂操作员培训费等也可100%税前扣除。根据《财政部、国家税务总局关于扶持动漫产业发展有关税收政策问题的通知》规定，经认定的动漫企业自主开发、生产动漫产品，可申请享受国家现行鼓励软件产业发展的所得税优惠政策，因此经认定的动漫企业职工培训费用，应单独进行核算，在计算应纳税所得额时按100%税前扣除。

（二）社会保障和就业

财政支持社会保障和就业事业发展，加快推进以保障改善民生为重点的社会建设，特别是以社会保障和就业为财政调节手段，降低制造业运营成本，推动制造业高质量发展，不仅是制造强国建设的重要任务，也是构建现代经济体系的迫切要求，更是建设可持续发展小康社会的重要保障。

持续完善各项促进就业的财税政策，推动公共就业服务体系日益健全，特别针对就业困难人员的社会保险补贴、公益补贴等，制定出台针对性的就业援助政策。从2012年起，特定就业政策就根据就业的形势和工作任务来制定具体内容，制定实施低保家庭毕业生求职补贴等促进大学生就业政策，加大高校毕业生职业培训力度，完善公共就业服务经费保障机制，明确将县级（含）以上公共就业服务机构、县级以下基层公共就业服务平台经费纳入同级财政预算，安排开展公共就业服务所需的基本支出和项目支出，规范公共就业服务范围，合理配置公共就业服务资源，提高公共服务效率。

自2012年起，新型农村社会养老保险、城镇居民社会养老保险两项制度全覆盖，促使社会保险制度不断完善，成为各级财政部门工作的重中之重。明确了新型农村社会养老保险、城镇居民社会养老保险与城乡低保、农村"五保"供养、优抚制度衔接的有关办法。加大新型农村社会养老保险、城镇居民社会养老保险与城乡低保、农村"五保"供养、优抚制度衔接的有关办法。2005~2011年连续6年提高企业退休人员基本养老金水平，2012年更是继续按上年企业退休人员基本养老金的 10% 提高，每人增加约 170 元/月。伴随经济社会发展步伐，2018 年 3 月，十三届全国人大二次会议提出，全面铺开，再减社保费。2019 年 5 月 1 日，我国下调城镇职工基本养老保险单位缴费比例，各地方可根据实际情况，从 20% 降至 16%，切实减轻企业社保缴费比例。这不仅是我国实施供给侧结构性改革以来最大幅度的降费，也是自 1997 年我国城镇职工养老保险制度建立以来至今降费幅度最大的一次。

二、存在问题

人才是第一生产力，但是我国人力投入却存在投入规模有限、投入结构不均衡、投入机制不完善与政策配套措施滞后等问题，导致我国人力资源的数量、质量和结构都存在较大问题，还不能适应制造业高质量发展的需要。据有关数据显示，我国人才资本对经济增长的贡献率约为 35%，远低于发达国家的 75%，差距高达 40 个百分点。

（一）资金投入规模有限

据财政部统计数据计算，2012 年，我国国家财政性教育经费支出占 GDP 比重突破 4%，至 2017 年全国教育经费总投入为 4.26 万亿元，比上年增长 9.45%，其中，国家财政性教育经费为 3.42 万亿元，比上年增长 8.95%，占 GDP 比例达 4.14%，但仍低于世界目前近 7% 的平均水平，更低于发达国家 9% 左右的水平。

（二）资金投入结构有待优化

就制造业从业人员而言，我国制造业从业人员队伍的主体是中等职业学校、初中和高中以下学历的员工。但国家财政性教育经费支出主要投向普通高等学校，随后依次是普通初中、普通高中、中等职业学校、普通小学，如表 4-7 所示，在一定程度上制约了制造业转型升级。

表 4-7　　2017 年全国各级教育生均一般公共预算教育事业费增长情况　　单位：元

地区	普通小学	普通初中	普通高中	中等职业学校	普通高等学校
全　国	0.14	0.20	0.19	0.18	0.28
北京市	0.11	0.22	0.23	0.20	0.24
天津市	0.14	0.24	0.26	0.18	0.18
河北省	0.13	0.18	0.19	0.23	0.27
山西省	0.16	0.21	0.18	0.24	0.21
内蒙古自治区	0.16	0.20	0.19	0.21	0.23
辽宁省	0.17	0.24	0.19	0.19	0.21
吉林省	0.16	0.20	0.14	0.29	0.21
黑龙江省	0.19	0.22	0.16	0.22	0.21
上海市	0.14	0.20	0.25	0.19	0.22
江苏省	0.14	0.23	0.25	0.16	0.21
浙江省	0.14	0.21	0.24	0.20	0.20
安徽省	0.16	0.23	0.18	0.19	0.25
福建省	0.13	0.21	0.21	0.21	0.25
江西省	0.15	0.20	0.21	0.19	0.26
山东省	0.14	0.23	0.21	0.21	0.21
河南省	0.13	0.20	0.18	0.19	0.30
湖北省	0.14	0.24	0.21	0.21	0.21
湖南省	0.15	0.22	0.20	0.18	0.25
广东省	0.14	0.20	0.19	0.17	0.30
广西壮族自治区	0.15	0.19	0.18	0.18	0.30
海南省	0.15	0.20	0.23	0.18	0.24
重庆市	0.16	0.23	0.20	0.18	0.24
四川省	0.16	0.23	0.20	0.18	0.24
贵州省	0.17	0.20	0.19	0.12	0.32
云南省	0.17	0.21	0.19	0.18	0.25
西藏自治区	0.16	0.17	0.19	0.27	0.21
陕西省	0.17	0.23	0.20	0.15	0.25

续表

地区	普通小学	普通初中	普通高中	中等职业学校	普通高等学校
甘肃省	0.16	0.18	0.16	0.20	0.29
青海省	0.16	0.20	0.19	0.15	0.30
宁夏回族自治区	0.13	0.18	0.17	0.18	0.34
新疆维吾尔自治区	0.16	0.24	0.20	0.17	0.23

资料来源：教育部、国家统计局、财政部发布的 2017 年全国教育经费执行情况统计公告。

（三）资金投入机制不完善，政策配套措施跟不上

有些政府部门没有将人才教育培训经费投入列入财政规划预算，未专门设列人才专项经费。其中，制造业高质量发展需要大量科研创新，但是部分制造业专业技术人才工作有思路，却苦于没有财政经费支持，难以开展科研工作，再加上有些地方培养本地制造业人才的社会保障和就业等政策配套措施使用机制不够完善，凸显对制造业人才投入工作的"重用、重奖、重培"力度不够。

（四）资金投入实效不显著

我国当前制造业人才培养与企业实际需求脱节，导致人才资金投入效率低效甚至无效。实际操作中，地方政府的人事、教育、科技、卫生等部门均设有专项资金，用于引进、培养制造业高层次人才投资创业。但是教育、科技、卫生等部门分头提出资金预算、分散管理使用的"撒胡椒面"式资金使用方式，既影响有限资金最大效益发挥，又容易造成同一人多头申请资金补助，不可避免地造成财政投入重复浪费。此外，我国当前制造业相关培训的针对性不强，技能人才培训重技能、轻职业精神，学历教育特别是普通高等学校的专业学科设置脱离制造业企业实际需求，再加上员工培训缺乏统筹规划，都对资金投入效率产生了影响，如专栏 4－1 所示。

专栏 4 –1

我国制造业吸引人才面临"三难"困境

人才是制造业创新活力之源，是实现制造强国战略目标的关键要素。近年来，我国制造业人才梯队不断壮大，培养规模已居全球首位，人力资源结构逐步优化，初步形成了以北京、上海等地区为代表的制造业人才聚集高地，但全国各地吸引人才仍面临"找不到、招不来、留不住"等三难困境。因此，建议充分探究制造业人才结构性过剩与短缺深层次症结所在，加强制造业复合高端人才培养，大力推进创新人才队伍建设，探索架构多维度人才激励政策体系，提升制造强国核心竞争力。

"找不到"难题。改革开放40多年来，我国制造业快速发展，对各类制造业人才的需求激增，但受产教融合深度不够、工程教育实践环节薄弱、学校及培训机构能力建设滞后等因素影响，引发制造业人才供需错配问题，特别是复合型、科技领军型、基础技术型等制造业人才引进和培养不足，出现了"初级的多而高级的少、传统型的多而现代型的少、单一型的多而复合型的少、短训速成的多而系统培养的少"的失衡局面。据调研，部分企业反映，智能装备领域复合型人才稀缺，懂机器设备的不懂软件，懂软件的又不懂机器设备；还有企业指出，缺乏既懂算法又懂软件的"掐尖儿"研发人才，成为掣肘国产芯片发展的主要因素之一。除"掐尖儿"研发人才引进和培养不足外，我国制造业还紧缺基础性技术人才，一些绝活绝技已出现断档危机。例如，调研中发现，精密制造领域，我国严重缺乏能把密封精度控制在头发丝1/50的大国工匠。再例如，还有企业反映，企业内所需的技师、工程师缺口已超70%，特别是精密光学加工、玻璃研磨等必须靠手工完成的关键环节，技能人才较为缺乏。我国制造业人才"找不到"难题，势必造成企业持续创新发展能力不足。

"招不来"难题。当前，受我国制造业整体利润率不高的影响，不少重点行业领域面临难以招到高端研发人才、技术人才等困境。据《上海市企业招聘满足率报告》显示，近年来，制造业企业招聘满足率长期低于全市企业招聘满足率总体水平。另据有的企业反映，即使工作环境再优越，高层次电子信息人才宁可去移动通信企业，也不愿到制造业企业，造成一流的研发人才、技术人才去高校、二流的去设计公司、三流的才到制造业企业的人才流动趋向。由于制造业人才短缺，一、二线城市纷纷争相出台大量涉及户口、子女上学、社会保险、出入境管理等招揽人才的优惠政策，基于资源禀赋越高，发展空间越大的"理性人"考虑，制造业人才特别是应届大学毕业生势必挑选资源禀赋较高的一、二线城市，而非三、四线城市。制造业企业人才招不来，势必延滞企业研发进程、提高投资成本。

"留不住"难题。人才流失是制造业企业面临的共性问题，制造业技术人才、研发人才晋升通道偏窄、成长激励不明显，个别地方因招揽人才规划难以落实、工作力度不够，造成制造业企业陷入"招来却留不住"的尴尬境地。例如，2018 年 9 月，西安某研究所研究员离职，引发专项调查事件就是很好的例证，即该员工不仅是研究员，而且还是研究所内只有 7% 比例的副主任设计师，是研究所内骨干人才，但由于原单位薪酬较市场化公司低，且存在"高职称低职务"嫌疑问题，导致其跳槽市场化较高薪公司。此外，有的调研制造业企业指出，由于互联网等企业年薪翻番，技术人才及管理人才流失很多，纷纷跳槽去更高薪的互联网企业，特别是工业园区内的工厂一般每到八九个月就要换一批人。制造业企业人员流动性过强，人才留不住，不利于实体经济的企稳向好、"工匠精神"营造等，势必在一定程度上阻滞企业可持续健康发展。

三、指标分解

根据以上分析，同时参照 2017 年出台的《制造业人才发展规划指南》有关内容，我们将制造业高质量发展指标评价体系中制造业人才投入强度进一步分解为教育经费投入、社会保障和就业投入、制造业教育投入、制造业中专教育投入、制造业职业教育投入、制造业技校教育投入、制造业高等职业教育投入、制造业进修及培训投入等诸多指标，如表 4-8 所示。

表 4-8　　　　　　　　　制造业人才投入强度指标评价体系

指标	计算方法	备注
教育经费投入（万元）	人均教育经费	反映全社会人员教育营商环境好不好

续表

指标	计算方法	备注
社会保障和就业投入（万元）	人均社会保障和就业支出	反映全社会人员基本社会保障与就业
制造业教育投入（万元）	制造业教育投入/教育支出总额	反映政府对制造业中有关中专、职业教育、技校教育、高等职业教育、进修及培训等整体投入程度
制造业中专教育投入（万元）	制造业中专教育投入/制造业教育支出总额	反映政府对制造业技能人才的培养程度
制造业职业教育投入（万元）	制造业职业教育投入/制造业教育支出总额	反映政府对制造业技能人才的培养程度
制造业技校教育投入（万元）	制造业技校教育投入/制造业教育支出总额	反映政府对制造业技能人才的培养程度
制造业高等职业教育投入（万元）	制造业高等职业教育投入/制造业教育支出总额	反映政府对制造业技能人才的培养程度
制造业进修及培训投入（万元）	制造业进修及培训投入/制造业教育支出总额	反映政府提高制造业技能人才能力所做的努力

第三节　节能环保投入及评估指标

中共十八届五中全会，习近平提出"创新、协调、绿色、开放、共享"五大发展理念，将绿色发展作为关系国家发展全局的关键组成部分。中共十九大将"壮大节能环保产业、清洁生产产业、清洁能源产业，推进资源全面节约和资源循环利用"作为建设美丽中国，推进绿色发展的重要任务。绿色发展能将资源节约、环境建设、自主创新、科学管理同生态文明有机融合，形成符合经济高质量可持续发展要求的良性循环，实现经济增长方式的根本性改变。作为立国之本的制造业发展需要消费大量能源，用能约占全国能源消费总量的近70%，因此，如何提高制造业节能环保投入效率，成为当前制造业高质量发展的重中之重。

一、投 入 概 况

近年来，国家加快纵深推进生态文明建设，不断加码环保税、排污许可制等政策法规，如《工业绿色发展规划（2016－2020 年）》《关于加强长江经济带工业绿色发展的指导意见》《坚决打好工业和通信业污染防治攻坚战三年行动计划》《关于加快推进工业节能与绿色发展的通知》等，加大对电力、钢铁、化工、轻工等重污染行业的治理力度，提高对城镇污水、垃圾和危险废物集中处置等生态环境保护基础设施的投资强度，有力推动了环保产业发展，产业总体规模不断扩大。其中，2017 年，环境保护部、外交部、国家发展改革委、商务部四部委联合发布《关于推进绿色"一带一路"建设的指导意见》，为我国节能环保产业"走出去"提供了政策支撑。

2016 年，财政部、工业和信息化部开展绿色制造系统集成工作，支持重点领域企业组成联合体覆盖全部工艺流程和供需环节系统集成改造，解决绿色设计能力不强、工艺流程绿色化覆盖率不高、上下游协作不充分等问题，共支持 83 个项目，总投资 205 亿元。2017 年，为加快实施绿色制造工程，我国不断加大节能、节水、节约资源投入，利用绿色制造财政专项支持了 225 个重点项目，联合国家开发银行通过绿色信贷方式支持了 454 个重点项目，第一次发布了 433 项绿色制造示范名单，实现 2018 年环保行业产值近达 8 万亿元，预计 2020 年国内市场规模可能达到近 10 万亿元。同年，我国加大对钢铁、电解铝、平板玻璃等重点高耗能行业节能监察的工作力度，积极推进清洁生产，提高工业资源综合利用率。2016 年、2017 年、2018 年，我国工业和信息化部工业节能环保预算项目支出分别达 1 亿元、1.1 亿元、1.2 亿元，呈现逐年增加态势。

除中央加大财政投入力度外，国家还积极鼓励地方政府配套资金支持，加大节能环保财政支持力度，如天津市出台的《天津市节能专项资金管理暂行办法》和《市工业和信息化委市财政局关于"十三五"期间天津市节能与工业绿色发展先进单位创建奖励政策的通知》指出，对列入 2018 年度市级绿色工厂名单的企业，市节能专项资金一次性给予 30 万元的资金奖励；对列入国家绿色工厂示范名单的企业，市节能专项资金给予不超过 60 万元的资金奖励。黑龙江省出台的《2018年全省工业领域奖补政策》提出，对承担绿色制造等专项，并获得国家财政专项资金支持的项目，按获得国家财政资金实际支持额度的10%予以资助，单户企业最高不超过500万元，诸如此类支持措施，如表4-9所示。

表4-9　　　　部分地方政府支持节能环保发展的财政支持措施

地区	政府内容
北京	《关于开展2018年度北京市绿色制造体系建设示范名单申报工作的通知》指出，已入选国家级绿色制造示范名单的企业自动入选市级示范名单，未来国家级绿色制造项目原则上从市级示范名单中推荐上报。对入选本市及国家级绿色工厂、绿色供应链示范名单的企业，给予一定额度的奖励资金
天津	《天津市节能专项资金管理暂行办法》和《关于"十三五"期间天津市节能与工业绿色发展先进单位创建奖励政策的通知》指出，对列入2018年度市级绿色工厂名单的企业，市节能专项资金一次性给予30万元的资金奖励；对列入国家绿色工厂示范名单的企业，市节能专项资金给予不超过60万元的资金奖励。鼓励各区出台配套资金支持政策
河北	将优先推荐争取国家工业转型升级资金、专项建设基金、绿色信贷等相关政策支持，优先推荐申报国家绿色制造系统集成项目。同时，各地要积极争取协调地方财政资金，对获得认定的绿色工厂、绿色产品、绿色园区、绿色供应链给予资金奖励
山西	对列入绿色园区创建活动的产业集聚区和绿色工厂创建的企业，国土部门将优先予以土地规划支持，环保部门要开设绿色审批通道；加大对开展绿色试点城市、创建绿色园区企业的政府性投入，引导社会资本、民间资本和外资投向开展绿色制造项目；推进绿色信贷，扩大绿色制造项目信贷规模
内蒙古	自治区重点产业发展专项资金（节能技术改造资金）优先支持自治区绿色制造体系建设示范工程项目，积极争取国家工业转型升级资金、专项建设基金、绿色信贷等相关政策支持；各盟市、旗县（市）区要积极争取协调配套资金，将绿色制造体系建设项目列入现有财政资金支持重点；自治区级以上绿色制造体系建设项目优先列入电力多边交易范围予以支持
黑龙江	《2018年全省工业领域奖补政策》提出，对承担绿色制造等专项，并获得国家财政专项资金支持的项目，按获得国家财政资金实际支持额度的10%予以资助，单户企业最高不超过500万元

续表

地区	政府内容
上海	市经济信息化委将会同有关部门研究扶持政策，对入选示范名单的单位进行奖励，相关单位申请工业和信息化部绿色制造系统集成项目等中央财政专项，同等条件下予以优先推荐
江苏	对绿色示范创建园区建设绿色体系平台、示范企业实施绿色改造项目给予支持。各地也要将绿色制造体系建设项目列入现有财政资金支持重点。支持绿色企业上市融资，税收优惠政策，担保服务和信贷支持
浙江	将绿色制造体系建设项目列入现有财政资金支持重点，对获得认定的绿色工厂、产品、绿色园区、供应链企业给予资金奖励
安徽	《支持制造强省建设若干政策》指出，对获得国家级绿色工厂、绿色产品的分别给予一次性奖补100万元、50万元；对获得省级绿色工厂的企业给予一次性奖补50万元
青海	《青海省节能专项资金管理办法》指出，重点奖励建立健全绿色标准、开发绿色产品、创建绿色工厂、建设绿色工业园区、打造绿色供应链等试点示范；节能专项资金支持方式主要为后补助、以奖代补、贷款贴息、购买服务等，具体金额按照项目性质、投资总额等综合测算。后补助项目，补助金额不超过项目总投资的30%，上限不超过300万元；以奖代补项目，奖励金额最高不超过300万元；贷款贴息项目，须提供银行等金融部门出具的贷款证明，贴息率最高不超过5%，上限不超过200万元；购买服务项目，补助金额按照合同约定确定

资料来源：作者整理所得。

案例4-1

北京市公布首份获得财政资金奖励的绿色制造名单

2018年10月，北京市经济和信息化委员会（以下简称"经信委"）[①] 公布2018年北京市绿色制造名单，包括14家绿色工厂、1家绿色园区入选，入选企业将获得一定额度的财政资金奖励。这是北京市首次公布市级绿色制造名单。北京市经信委指出，北京市2018年绿色制造名单，先经过了申报

_____

① 现为北京市经济和信息化局。

单位自评价和第三方评价机构评价，再由市经信委再组织专家评估论证、公示，最终才确定下来。对入选市级和国家级绿色工厂、绿色供应链示范名单的企业，北京市会给予一定额度的财政资金奖励。

绿色工厂的申报方向包括：应用绿色低碳技术建设改造厂房，集约利用厂区；采用无毒无害的原料替代有毒有害原料，选用先进适用的清洁生产工艺技术和高效末端治理装备，减少污染物排放，推动水、气、固体废弃物资源化和无害化利用；采用先进节水技术，实行清污分流、循环用水、循序用水以及废水回收利用；优化工厂用能结构，采用先进节能技术与装备，提高清洁和可再生能源的使用比例，建设厂区光伏电站、智能微电网和能源管理中心；推行资源能源环境数字化、智能化管理系统，实现资源能源及污染物动态监控和管理。

从申报条件上看，绿色工厂也要符合多项苛刻条件。如在北京市工商管理部门登记注册、从事生产经营并具有独立法人资格的企业；单位近三年内经营状况良好，在工商、税务、银行、海关等部门无不良行为记录，无较大安全和环境污染事故，无司法、行政机关认定的其他严重违法失信行为。申报单位积极落实绿色发展理念，具有一定的绿色制造基础，行业代表性强，在业内有较强的影响力，经营实力雄厚。绿色园区申报单位则需为北京市级及以上工业开发区主管部门，园区工业基础好、基础设施完善、绿色发展水平高，且近三年未发生较大污染事故或生态破坏事件。

资料来源：北京公布首份绿色制造名单 入选企业将获财政奖励［EB/OL］．（2018 - 10 - 08）．http：//news. eastday. com/eastday/13news/auto/news/china/20181008/u7ai8103636. html.

二、存在问题

我国在节能环保投入方面仍显不足，长期落后于同期的经济增速，绿色制造的建设力度显著低于整体经济。美欧等发达国家所遇到的生态环境、资源消耗等问题是在其 200 多年的历史演变路径中逐步出现、分阶段解决的，而我国却在 40 多年快速发展中集中出现，因此我国的绿色制造问题呈现出压缩性、综合性等特征，面临的压力也较大。但我国节能环保投入不足问题仍较为突出，据统计数据显示，我国近年来的生态建设指数增速趋于放缓，且东、中、西、东北等各区域的生态建设指数均明显滞后于其经济发展指数，绿色制造发展更是有待于提速，助力制造业高质量发展。

（一）资金投入规模大、周期长

我国近年来也不断加大节能环保支出，中央和地方政府在加大生态环境治理的财政投入中，注重采用PPP、产业基金等多元化模式，吸引社会资金投入到节能环保产业中，促进节能减排。但节能环保产业属重资产行业，如据《证券日报》数据反映，20世纪后期开始，发达国家环保投入一般占GDP的2%～3%；据财政部有关数据显示，2016年，中央财政拨付专项资金338亿元用于治理水、土、气，其中在水污染防治方面拨付专项资金131亿元，土壤污染防治95亿元，大气污染防治112亿元；据工业和信息化部有关数据表明，2018年，我国工业和信息化部节能环保投入占GDP的比重也达1.3%。

（二）资金原始创新投入有待提高

随着节能环保投入不断加大，我国节能环保技术装备迅速升级，技术水平不断提高，发明专利申请数量不断攀高，主导技术和产品基本能够满足市场需求，也突破了一些重点节能环保技术，但是节能环保原始创新技术较少。目前，国内仅有超11%的节能环保企业有研发活动，这些企业的研发投入仅占销售收入的3.33%左右，远低于15%～20%的欧美水平。

三、指标分解

根据以上分析，同时参照制造强国建设等一系列国家与地方政府的政策文件有关内容，我们将制造业高质量发展指标评价体系中节能环保投入强度指标评价体系进一步分解为节能环保支出占地方一般公共预算支出比重、节能环保支出占地方增加值比重、制造业能源节约利用支出占制造业一般公共预算支出比重等指标，如表4-10所示。

表 4 - 10   制造业节能环保投入强度指标评价体系

指标	计算方法	备注
节能环保支出占地方一般公共预算支出比重（％）	节能环保支出/地方一般公共预算支出	反映地方政府节能环保支出程度
节能环保支出占地方增加值比重（％）	节能环保支出/地方增加值比重	反映地方政府节能环保支出程度
制造业能源节约利用支出占制造业一般公共预算支出比重（％）	制造业能源节约利用支出/制造业一般公共预算支出	反映制造业能源节约利用的程度

第四节　产业扶持投入及评估指标

制造业是立国之本、兴国之器、强国之基。随着制造强国战略逐步推进实施，我国制造业高质量发展已取得实质性进展，但仍面临自主创新不足、基建投资增长乏力、内需市场扩容难等问题，应推动财政绩效评价工作深度化，提高财政资金使用效率。回顾历次财税改革历程，特别是 2012 年以"营改增"为头炮的财税制度改革，历经降税率、税率四档简并三档等多轮改革，在一定程度上提高了财政资金使用效率、减轻了企业负担、激发了市场活力，对制造业发展起到了重要作用，是促进制造业经济高质量发展的关键着力点。

一、投入概况

我国当前供给侧减税改革日益深化，其中，加大增值税改革力度是减轻企业负担、激发市场活力，促进经济高质量发展的重大举措。但推进增值税改革，不仅要遵循我国增值税改革的逻辑，进一步调整税率和结构，更要充分考虑到增值税税率调整对制造业总税负、财政收入及 GDP 增长等影响。同时，2019 年 1 月，国务院常务会议决定推出新一批小微企业普惠性减税措施，实施期限从 2019 年 1 月 1 日起，暂定 3 年，预计每年为小微企业减负约2000 亿元。此外，随着国内外社会经济形势不断变化，为优化企业营商环境，降低企业成本，激发企业活力，2017 年 2 月和 2018 年 12 月，我国先后两次对企业所得税进行修订。2019 年 4 月 1 日，我国实施新一轮增值税改革，将制造业等现行 16% 的行业税率降至 13%，将交通运输业、建筑业等现行 10% 的行业税率降至 9%。

（一）税收优惠

近年来，我国大力实施普惠性减税政策。2013～2017 年，中央财政通过实施"营改增"累计减税 2.1 万亿元，加上实行小微企业税收优惠、清理各种收费等措施，共减轻市场主体负担 3 万多亿元。2018 年，按照党中央、国务院决策部署，中央财政会同有关部门不断加大减税降费力度，全年减税降费规模约 1.3 万亿元。2019 年 1 月，国务院常务会议决定推出新一批小微企业普惠性减税措施。2019 年 4 月，我国进一步深化增值税改革，将适用 16% 增值税税率的所有行业改按 13% 税率征税，主要涉及制造业等行业；将适用 10% 税率的所有行业改按 9% 税率征税，主要涉及交通运输业、邮政业、建筑业、房地产业、基础电信服务和农产品等货物；保持 6% 一档税率不变，主要涉及现代服务业、金融业、生活服务业和增值电信服务等。

2018 年中美贸易摩擦中，我国制造业频频遭遇美国"卡脖子"，凸显基础研究实力较为薄弱，呈现自主创新"短板"。为提高自主创新动力，我国实施研发费用扣除优惠。2018 年 4 月 25 日，国务院常务会议决定再推出 7 项减税改革措施。改革前，我国企业委托境外研发费用不能加计扣除（即按实际费用 1.5 倍扣除，其中 50% 就是加计扣除部分），只能按实际费用扣除。改革后，从 2018 年 1 月 1 日起，企业委托境外机构所产生的研发费用可享受加计扣除优惠。这意味着我国在境外设立研发机构或将研发业务外包给外国机构的部分制造企业，能与其他企业享受同等研发费用加计扣除政策优惠，鼓励我国制造业企业除加大自主创新力度外，还可以借助"外脑"提高自己的研发能力。此外，2018 年 5 月 1 日，国家实施增值税税率由 17%、11% 分别降至 16%、10% 和增值税留抵退税、小微企业税收优惠政策等改革，在一定程度上也有利于提高企业创新动力。

2008 年金融危机后，我国外需受其波及而萎缩，再加上中美贸易摩擦呈现长期化态势，致使制造业出口越来越难，以扩大内需拉动制造业发展的作用越来越大。扩大内需，意味着要增加居民可支配收入，进一步释放居民消费潜力。2018年8月31日，第十三届全国人民代表大会常务委员会第五次会议通过《关于修改〈中华人民共和国个人所得税法〉的决定》开启从分类税制向综合与分类相结合的改革，除将个人所得税"起征点"由3500元/月提高至5000元/月外，还增加了子女教育、继续教育、大病医疗、住房贷款利息和住房租金、赡养老人等专项附加扣除，同时拓宽三档低税率3%、10%和20%适用的所得级距，例如，改革前，3%只适用0～1500元/月的应税所得，改革后，适用0～3000元/月的应税所得。据测算，该法案修订后，个人所得税的纳税人/城镇就业人员的比例将由44%降至15%，且允许劳务报酬、稿酬、特许权使用费三类收入在扣除20%后计算纳税，月收入2万元以下纳税人税负能够降低超50%。据测算，个税改革预计每年减税可达3200亿元，增加居民可支配收入，提高居民消费能力，为制造业发展创造更大内需市场空间，具体如专栏4-2～专栏4-4所示。

专栏4-2

国务院三大小微企业减税新政

近年来，随着经济形势有所下行，再加上中美贸易摩擦等国外复杂环境变化，我国实施了减税降费等一系列税收优惠政策，优化制造业企业营商环境，提高制造业核心竞争力。其中，2019年1月，国务院常务会议决定推出新一批小微企业普惠性减税措施。

"减税基+降税率"双举措，释放小型微利企业税收红利。对小型微利企业年应纳税所得额不超过100万元、100万～300万元部分，分别减按25%、50%计入应纳税所得额。这项优惠政策真正实现了小型微利企业承担"微税"，将覆盖超95%的纳税企业，其中98%为民营企业。一方面，新政扩大了可享受所得税优惠的小型微利企业范围，将年应纳税所得额门槛从100万元提至300万元；另一方面，新政将年应纳税所得额100万元以下部分从减按50%计入降至25%，同时还增加了100万～300万元部分，分别将这两部分的税负降至5%和10%。具体来说，新政前，年应纳税所得额300万元的企业，按25%税率需缴纳75万元税额，但新政后，税率由25%改为20%，加上将分别按 100 万元和 200 万元两个部分计征应纳税所得额，即年应纳税所得额 100 万元部分减按 25% 计入应纳税所得额，需缴纳 5 万元税，剩余 200 万元减按 50% 计入应纳税所得额，应缴税额为 20 万元，因此年应纳税所得额 300 万元的应缴总税额为 25 万元，较之前减少 50 万元税额，降幅超过 60%，降税负效果明显。

提高增值税起征点，降低小规模纳税人税负。会议决定，对主要包括小微企业、个体工商户和其他个人的小规模纳税人，将增值税起征点由月销售额 3 万元提高至 10 万元。对比 2017 年 10 月《财政部税务总局关于延续小微企业增值税政策的通知》中"对月销售额 2 万元（含本数）至 3 万元的增值税小规模纳税人，免征增值税"的内容，新政提高了增值税的起征点，扩大了小规模纳税人的免税范围。可见，年销售额 120 万元以下的小微企业，只要各月销售额不超过 10 万元，无须缴纳增值税。这有利于降低经营时间较短、仍需拓展业务链条、财务制度不健全的小规模纳税企业税负。

扩大地方政府减征增值税权限，全方位减少小规模纳税人税负。会议决定，允许各省（区、市）政府对增值税小规模纳税人，在 50% 幅度内减征资源税、城市维护建设税、印花税、城镇土地使用税、耕地占用税等地方税种及教育费附加、地方教育附加。这充分说明，中央支持地方自主减税，将过去中央统一管理的减税权力下放，鼓励地方因地制宜，在合理范围内实施减税。只要各地方政府有效贯彻落实此项政策，将从"税费"两个方面全方位降低小规模纳税人税负，营造出更为公平、合理的税收营商环境，激发小规模企业生产经营的积极性。

专栏 4 - 3

我国企业所得税法两度修订

2007 年 3 月 16 日，我国颁布《中华人民共和国企业所得税法》（以下简称《企业所得税法》），将内外资企业所得税税率统一为 25%，旨在营造内外资企业公平竞争市场环境。近 10 年来，我国均未对企业所得税法条款进行修订。随着国内外社会经济形势不断变化，为优化企业营商环境，降低企业成本，激发企业活力，2017 年 2 月和 2018 年 12 月，我国先后两次对企业所得税进行修订。

2017 年首次修订涉及公益性捐赠支出。2017 年 2 月 24 日，第十二届全国人大常委会第二十六次会议表决通过了《全国人民代表大会常务委员会关于修改〈中华人民共和国企业所得税法〉的决定》，对《中华人民共和国企业所得税法》（以下简称《企业所得税法》）第九条进行修正。2007 年版第九条规定：企业发生的公益性捐赠支出，在年度利润总额 12% 以内的部分，准予在计算应纳税所得额时扣除。2017 年税改增加内容：超过年度利润总额 12% 的部分，准予结转以后三年内在计算应纳税所得额时扣除。

2018 年再度修订涉及主管部门。2018 年 12 月 29 日，第十三届全国人民代表大会常务委员会第七次会议表决通过了《全国人民代表大会常务委员会关于修改〈中华人民共和国电力法〉等四部法律的决定》，其第四条对《企业所得税法》第五十一条做出修改。2017 年版第五十一条规定：非居民企业取得本法第三条第二款规定的所得，以机构、场所所在地为纳税地点。非居民企业在中国境内设立两个或者两个以上机构、场所的，经税务机关审核批准，可以选择由其主要机构、场所汇总缴纳企业所得税。2018 年税改将其调整为：非居民企业在中国境内设立两个或者两个以上机构、场所，符合国务院税务主管部门规定条件的，可以选择由其主要机构、场所汇总缴纳企业所得税。

修订内容有利于鼓励企业履行社会责任，践行企业家精神。2017 年初，我国首次修订《企业所得税法》，允许企业发生的符合条件的公益性捐赠支出在超过年度标准的情况下结转三年扣除。立法层面，这是国家鼓励企业积极参与社会公益活动，不仅能够提升国有企业履行社会责任意识，更能调动民营企业参与社会工作的积极性，全方位倡导企业家无私奉献精神，营造良好社会企业文化环境；纳税层面，这直接减少了企业应纳税所得额，缩小了企业所得税税基，意在对企业公益性捐赠行为予以支持，鼓励企业承担更大社会责任。

修订内容有利于简化外商纳税认定流程，营造法治化、国际化、便利化的营商环境。2018 年底，国家再度修改《企业所得税法》，简化了非居民企业汇总纳税行为审批流程，将纳税审批制简化为符合条件准入制。政府层面，这降低了税务主管部门征税成本，避免因审批材料过多、审批流程繁杂，占用较多征管人员；企业层面，这有效缩短了非居民企业的纳税认定时间，提高了非居民企业多地经营便利度，鼓励非居民企业在国内本土设立机构、场所，有利于吸引外资，扩大对外开放。

修订内容有利于降低企业纳税成本，激发企业创新活力。近两年，国家先后两度修订所得税法，是吸引投资、鼓励企业创新的重要举措。吸引投资层面，国家通过税收立法支撑外资企业设厂等行为，有利于减少企业征税环节成本，吸引更多更优质的外资企业在本土生根发芽，升级拓展"产业链"，增强产业核心竞争力。企业创新层面，通过降低税负、简化征税流程，有利于鼓励企业研发创新，推动产业结构调整和转型升级，助力制造业高质量发展。

专栏 4 - 4

我国新一轮增值税改革

自 2012 年"营改增"试点起，我国增值税改革不断深化，即由 17% 降至 16%、11% 降至 10% 的税率调整，又由四档变三档的税率简并，均取得显著成效，特别是制造业减负效果较为明显。2016 年、2017 年、2018 年减税规模分别达 5736 亿元、9186 亿元、1.3 万亿元。值得一提的是，2018 年 5～12 月，制造业增值税减税约 945 亿元，占增值税减税总额的 35%。当前，我国增值税已形成了 13%、9%、6% 三档基本税率。其中，制造业、煤炭采选产品、金属矿采选产品等行业税率都为 13%；交通运输、建筑业、房地产、租赁和商务服务等适用 9% 行业税率；现代服务业等适用 6% 的行业税率。为进一步降低企业税负，我国 2019 年 4 月 1 日实施新一轮增值税降税率改革。

（二）财政贴息

1947 年 7 月，美国启动"马歇尔计划"，给西欧各国发放优惠利率贷款，财政贴息作为政府财政补贴的一种方式，越来越被世界各国所接受，广泛运用于经济社会建设各个领域。财政贴息本质是政府运用资金价格补贴的形式，给予某一特定区域或行业的一种财政补贴，如战略新兴产业贴息、涉农贷款贴息、易地扶贫搬迁贷款贴息、双创贷款贴息、进出口贷款贴息、"老少边穷"地区综合开发贴息等。2011年6月，财政部印发修订的《基本建设贷款中央财政贴息资金管理办法》指出，对贴息的对象、申报、审查和下达等做出了明确规定，其中战略性新兴产业被新增为财政贴息的重点对象，同时还规定对基本建设项目的贴息率不得超过当期的银行贷款利率，贴息率由财政部根据年度贴息资金预算控制指标和当年贴息资金申报需求等因素一年一定，原则上不高于3%。

2018年，财政部、人力资源和社会保障部、中国人民银行三部门联合印发《关于进一步做好创业担保贷款财政贴息工作的通知》（以下简称《通知》），加大对创业担保贷款财政贴息政策的支持力度，扩大贷款对象范围，降低贷款申请条件，放宽担保和贴息要求。首先，《通知》明确，除原规定的创业担保贷款对象外，将农村自主创业农民纳入支持范围，同时将小微企业贷款对象范围调整为：当年新招用符合创业担保贷款申请条件的人员数量达到企业现有在职职工人数的25%（超过100人的企业达15%），并与其签订1年以上劳动合同的小微企业。其次，《通知》指出，降低贷款申请条件。个人创业担保贷款申请人贷款记录的要求调整为：除助学贷款、扶贫贷款、住房贷款、购车贷款、5万元以下小额消费贷款（含信用卡消费）以外，申请人提交创业担保贷款申请时，本人及其配偶应没有其他贷款。最后，《通知》提出，放宽担保和贴息要求。对已享受财政部门贴息支持的小微企业创业担保贷款，可通过创业担保贷款担保基金提供担保形式支持。对还款积极、带动就业能力强、创业项目好的借款个人和小微企业，可继续提供创业担保贷款贴息，但累计次数不得超过3次。

财政贴息优势在于，在财力紧张情况下，其不会增加更大的财政预算压力，只是将原有资金直接投入方式转为财政贴息，发挥"四两拨千斤"引导社会资本作用，可行性较强。此外，项目确定后，就可以启动财政贴息政策，对社会投资需求的拉动作用较强，其效用放大倍数等于"1/贴息率"，杠杆作用明显。仅2016～2017年，国家易地扶贫搬迁贷款一项贴息贷款就高达2000亿～3500亿元。财政贴息实质上是财政信用，通过代为支付企业项目建设中部分或全部贷款利息，支持政策性融资，弥补项目直接经济效益方面的缺陷，引导社会资金流向基础设施建设，拉动社会投资，同时提高企业投资积极性，保证企业投资收益率，助力企业健康可持续发展。总的来看，财政贴息有利于推动产业发展，但需要注意的是，财政贴息政策能否取得实效，关键取决于政策设计意图能否在区域经济各部门得以实现。

案例 4－2

韶关市以财政贴息方式推动制造业高质量发展

《韶关市人民政府关于印发韶关市降低制造业企业成本支持实体经济发展若干政策措施的通知》印发后，为更好地创建大众创业、万众创新新环境，切实提升金融服务支持制造业企业力度，缓解当前制造业小微企业生产经营中的融资难问题，作为配套政策，近日《韶关市人民政府办公室关于印发制造业小微企业贷款贴息管理办法的通知》也正式印发实施。通知规定，市级、各县（市、区）设立制造业小微企业贷款贴息资金，用于对韶关市制造业小微企业在韶关市内 2017 年 1 月 1 日之后从银行、小额贷款公司获得的贷款以及产生的有关担保费用给予贴息。

贷款贴息方式按以下规定执行：对符合政策规定条件的制造业小微企业贷款（包含银行贷款和小额贷款公司贷款）总额不超过 300 万元部分，按照中国人民银行公布的同期贷款基准利率的30% 给予贴息；对符合规定的制造业小微企业因贷款由融资性担保机构担保所支付的担保费用，给予制造业小微企业 0.5 个百分点补助。同一笔银行贷款可同时申请上述两项贷款贴息类型，已获得其他财政专项资金贴息的银行贷款不再予以支持。1 年内，同一企业累计贷款贴息额最高不超过 5 万元。

资料来源：小微企业贷款可获财政贴息——韶关市出台制造业小微企业贷款贴息管理办法 [EB/OL]. （2017 - 12 - 21）. http：//static. nfapp. southcn. com/content/201712/21/c860748. html.

（三）政府产业投资基金

政府产业投资基金是政府以参股等市场化运作方式，联合相关金融、投资机构等社会资本设立，按照"政府引导、市场运作、防范风险、滚动发展"原则，委托专业投资管理团队管理，实现政府宏观调控目标的一种手段，其实质就是设立母基金，通过引导金融资本和社会资本的组合注入实体经济中，不断放大资金杠杆效应（见图4-1），支持科技创新型企业或初创型产业的发展，优化产业结构、促进产业转型升级的一种新的战略性工具。其中，政府产业投资基金对单只母基金的出资占比原则上不超过30%，母基金对单个企业的投资原则上不得超过基金资产总值的20%。

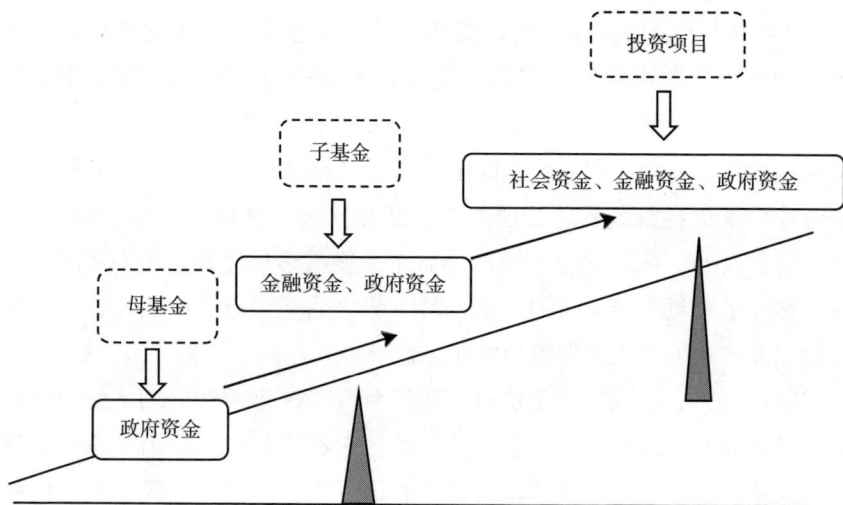

图4-1 政府产业投资基金杠杆

政府产业投资基金是财政管理方式中一种创新的制度形式的供给，需要明确界定政府与市场的关系，结合自身产业发展的实际情况，制定科学合理的管理体系与政策方针，通过合作共赢方式，与国内外投资管理机构协作，基于政府产业投资引导基金，设立相互关联的多样性子基金，协作运作，强化管理，持续为地方产业转型升级注入优质的资本、高科技技术、优秀的人才及先进的管理方式与经验等，是地方政府产业基金规范高效实施运作的基石。

案例 4 - 3

美国以"小企业投资公司计划（SBIC）"推动初创新兴产业发展

自 1958 年以来，为解决小企业资金短缺问题，美国开始实施"小企业投资公司计划（SBIC）"，由 SBIC 提供优惠利率贷款，即 SBIC 发起人每投入 1 美元，政府为之提供匹配 4 美元的优惠利率贷款，并提供相应的税收优惠待遇。发展至 2015 年，政府的主要支持方式就是对小企业从 SBIC 到公开市场发行债券等提供担保。SBIC 规定，只能投资于小企业，且至少将 1/4 的自有资金投资于微型企业，已培育了苹果、英特尔、联邦快递等一批世界级创新企业。

资料来源：龙飞，王成仁. 美国 SBIC 计划的经验及启示 [J]. 经济研究参考，2015 (28)：12 - 15.

案例 4 - 4

北京市中小企业发展基金

为缓解创业期中小企业融资难题，自 2008 年起，北京市就开始探索建立了国内首只省级中小企业创业投资引导基金，根据已经实施项目来看，一般都实现了财政资金放大 4 倍的功效。2014 年，北京市出台《北京市促进中小企业发展条例》，对涉及扶持中小企业发展的多项资金进行整合，设立了北京市中小企业发展基金。该基金的合作机构采取公开遴选的方案，在参股创投企业中，引导基金出资额不超过参股创投企业实收资本的 30%，且不能成为第一大股东；参股创股企业投资于创业期中小企业的资金额度，不低于引导基金出资额的 2 倍。为规范中小企业发展基金管理，2015 年 3 月又制定了《北京市中小企业发展基金管理办法》，从设立原则、政策目标、运作模式、流程监管、信息披露、考核评价、退出清算等方面进行制度设计。

资料来源：清科观察：上半年百亿级政府引导基金频现，600 亿基金支持中小企业发展 [EB/OL]. (2015 - 09 - 18). http：//research. pedaily. cn/201509/20150918388491. shtml.

我国政府产业投资基金大概经历了四个发展阶段，如表 4－11 所示，2004 年之前为早期发展阶段，政府产业投资基金更多地采用外币基金的形式。这期间，我国首次针对产业投资基金出台文件，即 1995 年中国人民银行颁布的《设立境外中国产业投资基金管理办法》。由于当时经济发展程度有限，并且资本市场仍处于初创期，因此发展环境较为不成熟，再加上政府产业投资基金战略定位不清，没有适合政府产业投资基金的发展土壤，这一时期政府产业投资基金运作效果难以达到初衷；2005～2008 年为起步阶段，一类是 2006 年国家发展改革委批复了以渤海产业投资基金为代表的三批共 10只政府产业投资基金，每只基金规模为 100 亿～200 亿元，另一类是依据2005 年国家发展改革委等十部委联合发布的《创业投资企业管理暂行办法》成立的"创业投资引导基金"，主要服务于创业企业的创业投资引导基金；2009～2013 年为平稳发展阶段，2008 年后国家发展改革委对政府产业投资基金由审批制改为核准制，提高了地方政府参与的积极性，同时中央开始试水国家级产业投资基金，主要投向区域发展和产业布局，每只基金规模为 200亿～300 亿元；2014 年至今，我国政府产业投资基金为快速发展阶段，以2014 年 9 月国家集成电路产业投资基金（即"大基金"）设立为标志。这一时期，政府产业投资基金管理越来越规范化，如 2015 年财政部印发《政府投资基金暂行管理办法》、2016 年国家发展改革委印发《政府出资产业投资基金管理暂行办法》，都对政府产业投资基金的内涵、募集、投资等做出了规定。此外，这一时期的国家级产业投资基金不仅大规模投入，而且主要聚焦战略型新兴产业。如 2015 年的国家中小企业发展基金目标规模 600 亿元，2017 年的国创基金更是高达 1500 亿元。

表 4－11　　　　　　政府产业投资基金发展的历程和阶段特点

阶段	类别	主要内容
早期阶段 （2004 年之前）	代表	1992 年山东淄博乡镇企业投资基金
	政策	1995 年《设立境外中国产业投资基金管理办法》、2001 年《产业投资基金管理暂行办法》（未实施）
	特点	外币基金为主，战略不清、运作不理想

续表

阶段	类别	主要内容
起步阶段 （2005～2008 年）	代表	2006 年渤海产业投资基金
	政策	2005 年《创业投资企业管理暂行办法》、2008 年《关于创业投资引导基金规范设立与运作指导意见》
	特点	规模在 100 亿～200 亿元，一类是国家发展改革委批复三批十只基金，另一类是母基金形式的创业引导基金
平稳发展 （2009～2013 年）	代表	2011 年中国文化产业投资基金
	政策	2011 年《新兴产业创投计划参股创业投资基金管理暂行办法》
	特点	地方政府积极参与，中央政府也开始试水国家级产业投资基金设立
快速发展 （2014 年至今）	代表	2014 年国家集成电路产业投资基金
	政策	2015 年《政府投资基金暂行管理办法》、2016 年《政府出资产业投资基金管理暂行办法》、2017 年《政府出资产业投资基金信用信息登记指引（试行）》
	特点	开始出现体量极大的国家基金，发展更加规范化，制度配套逐渐完善

资料来源：作者根据有关文件整理所得。

截至 2018 年 3 月，我国政府产业投资基金已达 1851 只，募资规模超过 3.1 万亿元。2014～2017 年，政府产业投资基金规模从少于 3000 亿元飙升至 3.5 万亿元，每只基金平均规模由 36 亿元升至 200 亿元，其中国家级基金平均规模高达 635 亿元。当前，政府产业投资基金主要投资于新一代信息技术、高端装备、新材料、生物行业、节能环保等战略性新兴产业，如国家集成电路产业投资基金、国家新兴产业创业投资引导基金、先进制造产业投资基金、国家科技成果转化引导基金（中央）、国家国防科技工业军民融合产业投资基金（中央）、国家中小企业发展基金等政府产业投资基金，如表 4－12 所示，旨在引导社会资本加大对战略性新兴行业领域的投入，支持制造业重点领域产业化、规模化发展。截至 2018 年 3 月，我国政府产业投资基金投资项目以 IT（347 个）、互联网（254 个）、机械制造（242 个）、生物技术和医疗健康（231 个）居多，据数据测算，政府产业投资基金投资于新一代信息技术、高端装备、新材料、生物行业、节能环保的投资额分别约为 28.7 亿美元、25.1 亿美元、10.7 亿美元、5.7 亿美元和 5.6 亿美元。

表 4-12   国家主要的政府产业投资基金概况

基金名称	资金规模	管理模式
国家集成电路产业投资基金	基金总规模 1387 亿元，截至 2017 年 3 月，承诺投资 43 个项目，承诺出资 818 亿元，实际出资 563 亿元，直接带动各类新增社会融资超过 2500 亿元	基金采取公司制架构。2014 年 9 月，国家集成电路产业投资基金股份有限公司成立，由最大社会出资人国开金融有限责任公司牵头组建设立的华芯投资管理有限责任公司负责基金运营管理
国家新兴产业创业投资引导基金	截至 2017 年 3 月，基金实体实际募资 670.5 亿元（中金佳成 400 亿元、国投高科 178.5 亿元、盈富泰克 92 亿元），已确定参股 47 只基金、投资 2 个项目，实际投出 18.4 亿元，实际参股 17 只基金、投资 2 个项目	基金存续期 10～15 年，主要通过参股创投基金方式
先进制造产业投资基金	首期规模为 200 亿元，中央财政通过中央基建投资出资 60 亿元，其余 140 亿元面向社会投资主体募集	基金采取有限合伙制模式，存续期 10 年，投资期 5 年。基金实行所有权、管理权、托管权分离。设理事会，由投资者代表组成，负责研究确定基金投向、协调基金运作过程中的重大问题，不参与基金具体运营行为
国家科技成果转化引导基金	财政部会同科技部设立，总规模 173.5 亿元，中央财政出资 38.3 亿元	科技部下属事业单位作为普通合伙人，成立理事会，由两部门推荐 20 位理事组成。综合运用设立创业投资子基金、银行贷款风险补偿等政府引导的支持方式，吸引社会资金、金融资本进入创新领域，目前已经设立 9 只子基金、投资 50 个项目，子基金禁止投资房地产和已上市企业
国家国防科技工业军民融合产业投资基金	—	—

资料来源：作者根据相关文件整理所得。

二、存在问题

近年来，为有效释放企业发展活力、推动制造业高质量发展，财税部门就降低企业负担、支持创新转型发展、鼓励创业就业等出台了诸多财税优惠政策，这些财税"组合拳"政策的实施对扶持制造业健康可持续发展发挥了积极作用，但政策体系还是存在一定问题，不能疏忽大意，有待于优化与解决。

（一）产业扶持政策边界和自身定位不清

我国政府实施财税优惠政策已有不少年头，但仍存在对一些政策不够了解，特别是针对社会投资的焦点领域，也参与其中，与民争利，但对一些亟须扶持的初创企业、新兴产业等扶持力度还不强，并且存在政策稳定性不足问题。例如，光伏"531"新政、新能源汽车补贴退坡、门槛提高政策等财税优惠政策，与企业生产运营直接相关，却没有充分考虑到产业发展自身规律而制定实施，都在一定程度上影响了企业的投资信心和对未来的发展预期，起到事倍功半的效果。此外，有些地方政府财税优惠政策存在交叉重复，同时在项目筛选、项目投资上存在相互竞争问题，降低了政府引导作用。

（二）产业扶持资金效率仍有进一步提高空间

就财税优惠政策而言，当前，供给侧减税改革日益深化，但企业增值税降负、研发费用加计扣除"政策获得感"不强。一方面，企业实际能够获得的"减税红利"，取决于企业的议价能力高低，议价能力低的企业（商品可替代性高）销售商品的价格就低，获取的销项税额就低，再加上进项税额因税率降低而减少，因此企业对增值税改革效应感触有限；另一方面，研发费用加计扣除政策，存在研发周期长的企业难以享受、境外研发申报手续繁杂等问题。如生物医药行业产品研发周期多为 5 年以上，已超过 5 年一周期的研发费用加计扣除时限，只能企业负担研发费用。此外，当前企业申报境外研发费用加计扣除涉及项目委托研发的计划书与决议文件、辅助账与汇总表等多项材料，手续较为复杂，难以享受政策优惠。

（三）产业扶持政策考核评价体系有待完善

部分财税优惠政策在实际运作过程中，难以对其做出全面客观考核。政府产业投资基金运作过程中，部分地方政府存在将业务重心更多放在合作管理机构的评估筛选、引资和投资上的偏颇问题，造成对政府产业投资基金运作管理重视度不够，特别是如果政府部门要实现的战略性目标与基金管理机构的营利性目标存在一定程度的冲突时，就需要建立科学完善的考核评价体系，解决二者之间的均衡问题。

三、指标分解

根据以上分析，同时参照制造强国建设等一系列国家与地方政府的政策文件有关内容，我们将制造业高质量发展指标评价体系中财税优惠强度指标评价体系进一步分解为技术改造支出占地方一般公共预算支出比重、工业转型升级支出占地方一般公共预算支出比重、创业投资支出占地方一般公共预算支出比重、战略性新兴产业支出占地方一般公共预算支出比重、制造业税收收入占制造业增加值比重等指标，如表4-13所示。

表4-13　　　　　　　　制造业产业扶持投入强度指标评价体系

指标	计算方法	备注
技术改造支出占地方一般公共预算支出比重（%）	技术改造支出/地方一般公共预算支出	反映政府推动制造业技术进步的支持力度
工业转型升级支出占地方一般公共预算支出比重（%）	工业转型升级支出/地方一般公共预算支出	反映政府推动制造业高质量发展的扶持强度
创业投资支出占地方一般公共预算支出比重（%）	创业投资基金/地方一般公共预算支出	反映政府对创业的支持力度
战略性新兴产业支出占地方一般公共预算支出比重（%）	战略性新兴产业投资基金/地方一般公共预算支出	反映政府对战略性产业的扶持强度
制造业税收收入占制造业增加值比重（%）	制造业税收收入/制造业增加值	反映制造业税收负担程度

第五节　固定资产投入及评估指标

当前，我国经济已由高速增长阶段转向高质量发展阶段，应以供给侧结构性改革为主线，推动经济发展质量变革、效率变革、动力变革。一个经济体的供给，即生产能力取决于技术水平、资本和劳动力等要素，考虑数据的可得性和频率，固定资产投资是重要的考量指标之一。固定资产投资既能拉动经济增长，优化产业结构，又是促进经济增长方式转变的有效方式。就财政视角而言，本书考虑的固定资产投入除总量外，主要就是固定资产加速折旧政策。1771 年，"近代工厂之父"阿克莱特率先在英国曼彻斯特创办了首家机器纺纱厂，诞生了最早利用机器进行生产的工厂，随着工厂制度的建立，工业规模不断壮大，人们逐渐意识到一次性冲减固定资产成本有失合理性，应按照配比原则，均匀分摊各期收入，实现成本的确定与收入的合理配比，既有利于延缓企业纳税时间，降低企业当前税负，缓解企业现金流的压力，又能促进企业扩大投资，支持创新，推动企业可持续健康发展，助力我国制造业的转型升级。

一、投入概况

固定资产投资是经济增长的重要驱动力，是以货币形式表现的、企业在一定时期内建造和购置固定资产的工作量以及与其相关的费用变化，包括房产、建筑物、机器、机械、运输工具，以及企业用于基本建设、更新改造、大修理和其他固定资产投资等。改革开放以来，我国固定资产投资力度逐年增强，投资规模越来越大。为提高企业生产技术升级、设备更新改造及科技创新的积极性，国家历次修改完善固定资产加速折旧的有关政策，从最初只允许少数企业申报，到之后允许符合一定条件的企业自主选择加速折旧方法，再到优惠行业的不断扩围及优惠力度不断强化，固定资产加速折旧政策逐步走向科学规范，如表 4 - 14 所示。

表 4 – 14　　　　　　　　固定资产加速折旧税收优惠政策演变历程

时段	文件名称	政策概要
1985 ~ 1993 年	《中外合资经营企业会计制度》	由于特殊原因，合营企业需要加速折旧和改变折旧计算方法的，可以自己提出申请，报税务机关审核批准
1994 ~ 2002 年	《财政部　国家税务总局关于印发〈企业所得税若干政策问题的规定〉的通知》	由于特殊原因，极少数城镇集体企业和乡镇企业需要缩短折旧年限的，可由企业提出申请，报省、自治区、直辖市一级地方税务局商财政厅（局）同意后确定
	《财政部、国家税务总局关于促进企业技术进步有关财务税收问题的通知》	电子生产企业、船舶工业企业、生产"母机"的机械企业、飞机制造企业、汽车制造企业、化工生产企业、医药生产企业和经财政部批准的企业其机器设备可以根据技术改造规划和承受能力，在法规的折旧年限区间内，选择较短的折旧年限
	《国家税务总局关于印发〈企业所得税税前扣除办法〉的通知》	促进科技进步、环境保护和国家鼓励投资的关键设备，以及常年处于震动、超强度使用或受酸、碱等强烈腐蚀状态的机器设备，确需缩短折旧年限或采取加速折旧方法的，由纳税人提出申请，经当地主管税务机关审核后，逐级报国家税务总局批准
2003 ~ 2013 年	《国家税务总局关于下放管理的固定资产加速折旧审批项目后续管理工作的通知》	允许证券公司电子类设备、集成电路生产企业的生产性设备、外购的达到固定资产标准或构成无形资产的软件进行加速折旧。不允许缩短折旧年限，需采用余额递减法或年数总和法
	《中华人民共和国企业所得税法》（2007）	明确企业的固定资产由于技术进步等原因，确需加速折旧的，可以缩短折旧年限或者采取加速折旧的方法
	《中华人民共和国企业所得税法实施条例》（2007）	明确采取缩短折旧年限或者采取加速折旧方法的固定资产，包括由于技术进步，产品更新换代较快及常年处于强震动、高腐蚀状态的固定资产
	《国家税务总局关于企业固定资产加速折旧所得税处理有关问题的通知》	进一步限定了可以采用加速折旧法的固定资产范围，即"企业拥有并用于生产经营的主要或关键的固定资产"
	《财政部　国家税务总局关于进一步鼓励软件产业和集成电路产业发展企业所得税政策的通知》	企业外购的软件，凡符合条件的可按照固定资产或无形资产进行核算，其折旧或摊销年限可以适当缩短；集成电路生产企业的生产设备，其折旧年限可以适当缩短

时段	文件名称	政策概要
2014～2018 年	《财政部 国家税务总局关于完善固定资产加速折旧企业所得税政策的通知》	就生物药品制造业，专用设备制造业，铁路、船舶、航空航天和其他运输设备制造业，计算机、通信和其他电子设备制造业，仪器仪表制造业，信息传输、软件和信息技术服务业 6 个行业企业 2014 年新购进的固定资产以及所有行业企业用于研发活动的仪器设备等进行了加速折旧的新规定
	《财政部 国家税务总局关于进一步完善固定资产加速折旧企业所得税政策的通知》	对轻工、纺织、机械、汽车 4 个领域重点行业的企业 2015 年 1 月 1 日后新购进的固定资产，可由企业选择缩短折旧年限或采取加速折旧的方法
2019 年至今	《关于扩大固定资产加速折旧优惠政策适用范围的公告》	自 2019 年 1 月 1 日起，适用《财政部 国家税务总局关于完善固定资产加速折旧企业所得税政策的通知》和《财政部 国家税务总局关于进一步完善固定资产加速折旧企业所得税政策的通知》规定固定资产加速折旧优惠的行业范围，扩大至全部制造业 * 领域

注：* 在实际工作中，为增强确定性与可操作性，在具体判断企业所属行业时，制造业企业是指以制造业行业业务为主营业务，其固定资产投入使用当年的主营业务收入占企业收入总额 50%（不含）以上的企业。收入总额是指《中华人民共和国企业所得税法》第六条规定的收入总额。

资料来源：作者整理所得。

固定资产加速折旧政策允许纳税人在固定资产使用前期提取较多折旧，减少后期折旧数额，加计了企业的前期成本，减少了前期的企业所得税税负，保持总税负水平不变，但也导致纳税延迟问题，增加了企业周转资金的负担。

二、存在问题

固定资产投资在促进经济增长中发挥着重要作用。特别是，固定资产加速折旧政策有利于缓解企业资金压力，使企业的成本费用前移，应纳税所得额后移，企业前期缴纳的所得税额减少。这相当于政府为企业提供了一笔无息贷款，有利于缓解企业资金压力，鼓励企业技术创新，推动产业转型升级。有好的一面，当然，也就有不足的一面。固定资产投资政策也存在需要改进完善的问题。

（一）固定资产投资效益评价不足

固定资产投资效益评价机制建设不足，主要体现是过于静态，动态投资效益评价机制有所欠缺。固定资产投资一般需要根据市场需求和变化，进行规划和调整。特别是，随着全球化进程不断深化，市场变化因素对固定资产投资的影响由重要变量变为关键变量，投资效益评价的重要性也越来越彰显出来。当前，作为固定资产所有者也已构建了较为基本的投资效益评价机制，如实施过程、实施结果、影响程度等诸多方面都做了评估方法设计，进行综合考察，取得了一定成效，但只是静态式的简单考察，只是从自身进行了评判，却因没有可比的客观对比样本，难以显示出投资效益的高低和效果的好坏。

（二）固定资产投资可追溯体系有待于完善

严格来说，政府有关部门应该能够实时跟踪固定资产投资计划的全过程，全面把握每一笔固定资产投资资金流向，实施透明化固定资产投资可追溯体系监管，同时还应密切关注外部环境的变化，例如，国家政策变动、市场行情走向和顾客需求等，这都是关系固定资产投资的重要因素。固定资产投资可追溯体系既能保障投资资金的高效使用，科学规划引导投资资金，实现固定资产投资的成本最低和效益最大化，又能科学管控固定资产投资额度，避免计划实施过程中实际支出超出预算的不正常使用等问题，导致投资的泡沫化增加，效果不尽如人意。

（三）固定资产投资的税收优惠政策还有待创新突破

当前，我国固定资产投资税收优惠政策所涉及优惠行业较少，例如，制造业涵盖了30多个行业，但能够适用固定资产加速折旧税收优惠的并不多，特别是绿色制造和服务型制造业存在众多行业难以享受固定资产加速折旧的政策优惠。另外，较缩短折旧年限或加速折旧的方式而言，企业更中意一次性扣除这种更为简单直接的优惠方式，但限于实际过于严苛的一次性扣除的政策规定，存在享受难问题。还有就是，固定资产加速折旧与研发费用加计等相关优惠政策衔接问题，避免诸如统计口径不同等因素所导致的工作冗余问题。

三、指标分解

根据以上分析，结合固定资产投资实际，我们将制造业高质量发展指标评价体系中制造业固定资产投入强度指标评价体系进一步分解为固定资产投资总额占 GDP 比重、固定资产加速折旧等指标，如表 4 – 15 所示。

表 4 – 15　　　　　制造业固定资产投入强度指标评价体系

指标	计算方法	备注
制造业投资占固定资产投资比重（％）	制造业投资额/固定资产投资总额	反映政府支持制造业扩大产能的力度
制造业固定资产加速折旧额占地方税收总额比重（％）	制造业固定资产加速折旧额/地方税收总额	反映政府支持制造业提质增效的强度

第五章

制造业高质量发展的产出与
结果及其指标分析

制造业是国家经济的"脊梁",经济高质量发展主要取决于制造业高质量发展。中共十九大明确提出,要在全面建成小康社会的基础上,分两步走,在 21 世纪中叶建成富强民主文明和谐美丽的社会主义现代化强国。强国建设一直都是国家发展的首要任务,国家发展重在产业,产业强则国家强。工业化是现代化的基础和前提,制造业是推动工业化和现代化的主力军。制造业发展要支撑"两个一百年"奋斗目标的实现,必须以质量第一、效益优先为原则,提高制造业高质量发展的产出与结果。基于实际,我们将制造业高质量发展的产出与结果指标主要划分为速度效益、创新驱动、协调发展、开放发展、共享发展、绿色节约六大类指标,分别进行深入分析研究,以期对制造业高质量发展有所借鉴,实现经济高质量发展,助力国家跨越式发展。

第一节 速度效益及其评估指标

制造业高质量发展是制造业发展方式、产业结构、增长动力等发生系统性转变的一个过程,要善于把握速度与效益这两个对立又统一的关系,才能保质保量地实现经济的正常化发展。我国资源相对较丰富,具备追求高速度的现实条件,同时高速度在一定时期内能够带来高产出,扩大社会总产品规模,有利于缓解由于人口多所造成的社会需求压力,为国民经济的进一步发展提供必要积累。诚然,新中国成立初期,国家一穷二白,亟须强调速度,扩大社会总产品量,但经过一定时期的高速度发展之后,理应转向"速度与效益"并重，强调经济发展速度同时必须以较高效益为前提。

一、速度效益内涵与必要性

制造业高质量发展本质是社会经济生活中的动态投入产出过程，是以尽可能少的要素投入获取尽可能多的、质量较高的生产过程，要把提高速度与效益作为经济工作的中心，实现经济增长方式从粗放型向集约型转变，以尽可能少的投入获得较高的产出效益和经营效益。这既要求生产者关心生产成果，同时也要关心生产中的物质和劳动消耗，既要考虑产出的多少，又要考虑产出与投入的比例关系，达到速度与效益的统一。

制造业高质量发展强调速度效益相统一。可以说，速度问题是一个关系全局战略性的问题，但经济发展要以较高效益为前提，要追求最佳的投入产出组合，在采用先进的科学技术和先进科学管理的基础上，不断提高制造业的效益水平，以尽可能少的要素投入获取尽可能多的、质量较高的生产过程，根本在于解决"好不好"的问题。

二、存在问题

我国社会主要矛盾已经转化为人民日益增长的美好生活需要和不平衡不充分发展之间的矛盾。我国市场消费升级正在不断加快，但制造业供给端的产品难以满足消费结构升级，"供需失衡"现象较为明显。历经多年高速增长，我国人均收入水平出现大幅提升，人民生活水平明显改善，居民对高品质产品和服务的消费需求日益强烈，并越来越成为消费的主要部分。随着我国逐渐进入高质量发展阶段，部分群体对高品质和服务的需求日益增多，居民海淘之势日盛。如大量报道曾关注过的国人海外专购马桶盖、精品厨具等行为。深化供给侧结构性改革，提升生活品质的产品和服务，重点发展具有高附加值、高效益的新技术新产业新业态，是改善人民的物质生活和精神生活水平的需求。

（一）宏观经济效率趋于下行

实际 GDP 增速与人均可支配收入增速是考核经济运行效率最为直观也最

为有力的两项指标。实际 GDP 增速越高表明生产力提升速度越快，相应的经济运行效率也就越高。同样，人均可支配收入增速越快，全社会"财富蛋糕"的创造效率越高，与之相对应的经济发展也越高效。

实际 GDP 持续减速。据国家统计数据显示，2000 年以来，我国实际GDP 增速经历了"先升后降"两个阶段，2000~2007 年，实际 GDP 增速逐渐上升，由 2000 年的 8.5% 升至 2007 年的 14.2%，继而开始逐渐下滑至2018 年的 6.6%。特别是，当前，中美贸易摩擦波动不断，具有长期性、复杂性和日益严峻性，叠加国内企业成本日益上涨、居民消费活力受到显著抑制等各种因素影响，我国现阶段经济下行的压力不断加大，未来经济增速下调可能性仍较大。

居民人均可支配收入增速放缓趋势明显。当前，随着供给侧结构性改革的不断深入，实际 GDP 增速变缓，我国居民的人均可支配收入增速也随之调整，与实际 GDP 增速变化趋势基本一致。其中，城镇居民可支配收入的增速于 2007 年达到局部高点后开始下降，农村居民的人均纯收入增速较滞后，直至 2011 年才出现下行之势。

（二）制造业增加值占 GDP 比重"过快、过早"下降

2004 年以来，我国制造业增加值占 GDP 比重经历了两次快速下降阶段。一次是 2007~2009 年制造业占比逐年小幅回落，年均降幅近 0.3%，再一次是 2012~2016 年，制造业占比下行趋势显著加快，年均降幅超过 0.6%。根据 OECD 数据计算 2000~2017 年，美国、日本、英国、韩国的制造业增加值占 GDP 比重年均降幅为 0.23%、0.11%、0.24%、0.09%，特别是德国的制造业增加值占 GDP 比重年均增幅为 0.02%。从省份层面看，近 10 年来，我国有半数省份制造业占比下降超过 10 个百分点，这些制造业占比下降较为突出的省份，多处于工业化中后期，远未完成工业化进程，与当地经济发展阶段相比，制造业增加值占 GDP 比重下降"过早"，或导致产业"空心化"，影响经济高质量发展。

（三）产品和服务质量整体不高

我国拥有全球门类最齐全的产业体系和配套网络，其中 220 多种工业品

产量居世界第一。但许多产品仍处在价值链的中低端，部分关键技术环节仍然受制于人。推动高质量的供给，就是要提高商品和服务的供给质量，更好满足日益提升、日益丰富的需求，跟上居民消费升级步伐。但据国家质量监督检疫总局数据显示，2017年，对19124家企业生产的20192批次产品进行抽查，我国产品质量国家监督抽查合格率仅为91.5%，同比2014年下降了0.8%。其中，日用及纺织品、食品相关产品领域的抽查合格率不高，分别为85.6%、96.6%，相较2016年依次下降了5.1%和1%。此外，据欧盟对全球相关行业统计数据显示，84个制造业分行业中，欧盟、美国和日本质量敏感型产业增加值占制造增加值比重分别为42%、38%和35%，我国却不足20%，高质量产品的占比明显偏低。另外，典型产品投诉情况能侧面反映出我国制造业产品和服务的质量建设情况。据车质网研究院发布的《2017年度车质网投诉分析总结报告》数据显示，以"汽车配件及服务"投诉的国别统计数据为例，2017年，我国汽车行业自主品牌投诉量占总体投诉量的48.3%，分别是美国、德国、日本的2.5倍、4.67倍、5.57倍，具体情况如专栏5-1所示。

专栏5-1

我国拥有国际知名品牌数量较低

当前，我国拥有的国际知名品牌数量与世界第二大经济体的地位极不相称。2018年世界品牌500强榜单中，美国稳居世界品牌首位，共有233个品牌，我国仅有38个品牌入选，且制造业品牌所占比重较低（见下表）。这成为我国制造业国外市场竞争力不强的原因之一。据联合国发展署统计数据显示，知名品牌占全球品牌总数的比重低于3%，但全球市场占有率却高达40%以上，销售额远超50%。这表明品牌竞争已成为产品市场竞争的聚焦点。另外，我国知识产权保护力度不够，进一步弱化了制造业的核心竞争力。在可比的50个国家中，美国知识产权保护指数排名第一，我国却居二十五位。随着对外开放步伐持续迈进，我国制造业越来越多的领域将实现完全对外开放，但当前国内制造业竞争力仍不强，必然难以抵御市场竞争压力，被国内外市场淘汰的可能性较大。

2017～2018 年我国企业入榜世界品牌 500 强名单

品牌	2018 年排名（位）	2017 年排名（位）	行业
国家电网	30	32	能源
腾讯	39	36	互联网
海尔	41	50	物联网生态
中国工商银行	43	52	银行
华为	58	64	计算机与通信
中央电视台	64	59	传媒
中国移动	76	78	电信
阿里巴巴	85	74	互联网
联想	102	100	计算机与通信
中国石油	135	139	能源
中国人寿	139	143	保险
中国石化	141	132	能源
中国平安	179	231	保险
中国银行	198	202	银行
中国建设银行	203	200	银行
中粮	212	222	食品与饮料
百度	230	236	互联网
中国联通	236	242	电信
中信集团	241	261	多元金融
中国电信	245	252	电信
长虹	286	286	信息家电
中国国航	287	290	航空
中国中铁	292	295	工程与建筑

资料来源：作者根据历年"世界 500 强榜单"整理。

三、指标分解

根据以上分析，我们将制造业高质量发展产出与结果指标评价体系中速度效益类指标进一步分解为制造业增加值占 GDP 比重、制造业产品质量合格率等诸多指标，如表 5 –1 所示。

表 5 –1　　　　　　制造业产出与结果指标—速度效益类指标评价体系

指标	计算公式	备注
制造业增加值占 GDP 比重（%）	制造业增加值/GDP	反映制造业对 GDP 的贡献率
规模以上制造业企业营业收入利润率（%）	规模以上制造业企业营业利润/全部业务收入	反映制造业盈利能力
规模以上制造业企业亏损深度（%）	规模以上制造业亏损额/利润总额	反映制造业盈利能力
制造业用地亩均产出（万元/亩）	制造业生产总值/亩	反映制造业土地集约利用能力
制造业产品质量合格率（%）	制造业合格产品/制造业总产品	反映制造业的质量水平
制造业每百家企业商标拥有量（个）	拥有的在国内外知识产权部门注册的受知识产权法保护的商标数量	反映企业自主品牌拥有情况和自主品牌的经营能力

第二节　创新驱动及其评估指标

创新是引领发展的第一动力，是建设现代化经济体系的战略支撑。经济发展本质就是创新，其中，科技创新是经济增长的直接动力，国家核心竞争力离不开科技创新的支撑。当前，经济增长由要素驱动向创新驱动转变，特别是基础前沿研究与应用基础研究等领域，我国科技实力正处于从量的积累向质的飞跃、点的突破向系统能力提升的重要时期，如何提高关键共性技术、前沿引领技术、现代工程技术、颠覆性技术等创新能力，实现关键核心技术自主可控，使科技创新成为提高全要素生产率的强大引擎，已经是我国的当务之急。

一、创新驱动内涵与必要性

熊彼特认为，创新就是要"建立一种新的生产函数"，把一种从来没有的关于生产要素和生产条件的"新组合"引进生产体系中去，以实现对生产要素或生产条件的"新组合"，也就是"生产要素的重新组合"，而经济发展就是社会不断地实现这种"新组合"、不断创新的结果、不断打破均衡，引起利润、资本、信贷、利息和经济周期的变化，经济发展成为一个"创造性毁灭"的过程。

熊彼特认为，经济发展就是创新，创新既是最根本的动力，本质也是发展本身，在循环流转中或走向均衡的趋势中可能观察到的完全不同，是流转渠道中的自发的和间断的变化，是对均衡的干扰，会永远处于改变和代替以前存在的均衡状态，是能够实现制造业发展方式、产业结构、增长动力等发生系统性转变的一个过程，这也正是制造业高质量发展应有之义。

在制造业高质量发展过程中，产业链、价值链比较完整且主要居于中高端，生产方式平台化、网络化，企业信息化、智能化水平高，创新力、影响力较强，较为依重科技、高端研发人才、信息、数据等新的生产要素，新产业、新产品、新技术、新业态层出不穷，实现科技创新与现代金融、人力资源融合发展，不断提高科技创新在实体经济发展中的贡献份额。

二、存在问题

与美国、欧盟成员等发达国家相比，我国制造业创新能力不强，基础科学研究短板凸显，一些关键核心技术受制于人的状况较为严重。我国连续多年稳居世界第一的制造大国地位，制造业产值占全球比重为33%，但关键核心技术受制于人，对外依存度高的局面尚未根本改变。据工业和信息化部对全国30多家大型企业130多种关键基础材料调研结果显示，我国32%的关键材料仍为空白，绝大多数计算机和服务器通用处理器95%的高端专用芯片、70%以上智能终端处理器以及绝大多数存储芯片依赖进口。其中，我国对美国进口依存度为8.5%，主要涉及制造业发展的"卡脖子"高端技术产品。

特别是，我国制造业长期处于全球价值链的中低端，主要从国外进口中间品，在国内从事加工组装，创造的附加值相对较少，缺乏具有较强自我创新力的自主产品，难以抢占国外市场份额。

（一）科研原创能力较弱

一直以来，我国制造业创新体系具有较为明显的跟跑型特征，这是制造业发展阶段所致，正如第二次世界大战前的日本、德国和苏联以及第二次世界大战后的韩国和新加坡都是先模仿后创新，甚至 19 世纪的美国也是如此。根据美国国家科学基金会与国家科学委员会联合发布的《2018 年科学与工程学指标》报告的数据显示，2016 年，我国在科学与工程学领域发表超 42.6 万篇文章，占全球总发表数量的 18.6%。全球科学与工程学领域前 1% 引用文章的发表情况可以反映出一个国家或地区在基础及关键领域的原创科研能力，是一个国家整体科研"质量"的良好指示因子。2000 年以来，美国前 1% 引用文章指数始终位于 1.8 ~ 2.0，欧盟则由低于 1.0 几乎逐年上升至 1.3，反观我国原创科研能力虽由 2000 年的不足 0.4 快速上升至 2014 年的 1.0 附近，但与欧盟相比仍有一定差距，更是远低于同期美国的原创研究水平。

（二）科技成果转化不够

我国产学研协同转化不畅问题较为突出，存在合作层次不高、合作深度不够、合作资金不足、合作动力不强以及成果转化率低等一系列问题，部分新技术、新方法由于产学研体制转化不畅无法有效落地，行业关键核心技术的研发进程滞后，科技进步贡献率有待提升。据国家统计局数据显示，2007 ~ 2016 年，我国发明、实用新型、外观设计专利的数量均实现了快速增长，但更具科技含量的发明专利比重仅由 19.32% 上升至 23.05%，10 年间仅上涨了 3.73%。全国政协经济委员会副主任、工业和信息化部原部长李毅中指出，我国在核心技术、关键技术上对外依存度高达 50%，高端产品开发 70% 技术要靠外援技术，重要的零部件 80% 需要进口，一些关键的芯片甚至是 100% 进口，其花费远超过原油进口①。

---

① 李毅中. 专家：我国核心关键技术对外依存度高达 50% ［N］. 经济参考报，2015 – 12 – 22.

三、指标分解

根据以上分析，我们将制造业高质量发展产出与结果指标评价体系中创新驱动类指标进一步分解为制造业新产品销售收入占比、制造业单位 R&D 经费支出发明专利数等诸多指标，如表 5-2 所示。

表 5-2　　　　制造业产出与结果指标—创新驱动类指标评价体系

指标	计算公式	备注
制造业新产品销售收入占比（%）	制造业新产品销售收入/制造业主营业务收入	反映制造业创新及其新产品的转化水平，也可以间接反映出市场开拓情况
有研发机构的企业占规模以上制造业企业的比重（%）	有研发机构的企业总数/规模以上制造业企业总数	反映制造业企业创新能力
高技术制造业增加值占规模以上制造业增加值比重（%）	高技术制造业增加值/规模以上制造业增加值	反映制造业高端化水平
制造业单位 R&D 经费支出发明专利数（个/元）	制造业发明专利申请数/制造业 R&D 经费投入	体现制造业创新的程度
技术市场合同成交金额年增长率（%）	技术市场合同成交金额增加额/上年的技术市场合同成交金额	体现制造业创新的程度
制造业从业人员受教育程度（%）	制造业从业人员受教育年限/总从业人员	反映制造业人才培育程度
制造业从业人员中受过高等教育的比例（%）	制造业从业人员中受过高等教育的人才/总从业人员	反映制造业人才结构情况
制造业从业人员中高技能人才占技能劳动者的比例（%）	制造业从业人员中高技能人才/总从业人员	反映制造业人才结构情况
制造业从业人员中研发人员占从业人员的比例（%）	制造业从业人员中研发人员/总从业人员	反映制造业人才结构情况

第三节　协调发展及其评估指标

协调发展应从源头上解决各类扭曲和不平衡问题。制造业高质量发展要求区域间制造业专业化分工效应显著，具备产业链上下游配套协同的发展能力，也要求制造业与互联网等高新技术深度融合，不断提升产业协同发展能力，促进虚实结合、城乡、收入分配、经济社会等各方面在融合过程中都能达到内生协调的状态，实现经济空间布局与资源禀赋、人口分布和流动、环境承载力适应匹配，人口、经济、资源、环境空间均衡，区域良性互动、城乡融合发展、陆海统筹整体优化，培育和发挥区域比较优势，加强区域优势互补，塑造区域协调发展新格局。

一、协调发展内涵与必要性

协调发展着眼于解决发展不平衡、不持续的问题，正确处理发展中的重大关系，推进全面协调发展，破解发展"瓶颈"，是习近平总书记治国理政的新理念新思想新战略的重要组成部分。协调发展核心是发展的平衡性、全面性、包容性和可持续性，意在强调发展要注重协调性、均衡性，要求各方面、各环节的发展相互适应、相互促进，是创新、绿色、开放、共享其他四大发展理念推进的基础和前提。就产业而言，协调发展就是指各产业之间相互协调，产业结构的转移能力较强、适应力也较强，能够适应市场需求变化，逐步从较低阶段向较高阶段转化。产业协调发展越好，越能实现单个产业市场无法达到的规模经济和集聚效应。

（一）协调发展是避免落入"中等收入陷阱"的托底之举

产业集聚各类具有专长的人，通过协作完成研发设计、生产制造等一系列环节，实现产品"从无到有"。正如马克思所言，很多人聚集在一起进行共同劳动，只有通过协调才能形成一个良性的生产力运行秩序。产业发展是一个整体，也是一个系统，需要各方面、各环节、各因素协调联动，不断解决需求无限性与供给有限性、此消彼长或此强彼弱、发展的快与慢之间矛盾，实现统筹兼顾。世界经济发展演变路径反映出，产业协调好的国家和地区成功跨越了"中等收入陷阱"，反之，产业协调不好的国家和地区就会落入"中等收入陷阱"停滞不前，难以突破，进入高收入发展阶段。菲律宾、阿根廷、马来西亚、墨西哥等国家已在"中等收入陷阱"挣扎数十年。可以说，产业发展协调与否，已经成为衡量世界各国能否可持续发展的标尺。

（二）协调发展是全面建成小康社会的重要保障

全面建成小康社会，重点、难点都在"全面"两个字，既要东部率先，也要西部大开发、中部崛起、东北振兴；既要物质充裕，也要精神丰富多彩；既要金山银山，也要绿水青山。这就需要产业间及产业内部协调，才能达到统筹兼顾、注重平衡、保持均势，变"分散"为系统化，将散乱的局部功能整体化，把薄弱的区域、领域、环节强化起来，形成平衡发展结构，增强发展后劲。只有牢固树立协调发展理念，坚持产业间及产业内部协调发展，才能解决制造业高质量发展过程中存在的研发力度不强、生产制造效率不高等问题，促进制造与互联网等高新技术融合，实现信息化、智能化、数字化，增强国家硬实力，提升国家软实力，真正实现全面建成小康社会。

（三）协调发展是把握发展规律、破解发展短板的着力点

产业协调发展是经济社会持续健康发展的内在所需，需遵循自身内在的发展规律，正如习近平总书记所指，发展必须是遵循经济规律的科学发展，必须是遵循自然规律的可持续发展，必须是遵循社会规律的包容性发展。这也就是说，提高产业协调性，强调应遵循经济规律、自然规律、社会规律，实现科学发展、可持续发展、包容性发展。可见，产业协调发展规律认识的深刻化、具体化，是促进经济社会发展的创新理论，把握事物发展规律的前提。另外，产业发展过程中，矛盾如影随形，既要看到产业发展所取得的成绩和机遇，也要看到短板与不足之处，才能当困难来临时，有的放矢，破解发展难题，蓄积发展动能。

二、存在问题

21世纪，新一轮科技产业变革，信息技术与制造技术、能源技术、生物技术加速融合，正深刻改变原有生产方式、组织方式、管理方式、制造模式、商业模式等，重塑全球产业发展方式。特别是，2018年以来，全球各主要国家纷纷通过制定战略规划，引领新兴产业发展方向，涵盖网络、生物技术、新能源、新材料、人工智能、量子技术等诸多领域。制造业高质量发展要求协同促进的产业体系，产业协调问题越来越凸显其重要性。我国当前供给侧结构性改革正日益深入，制造业要实现高质量发展，产业协调发展成为"关键"所在。这是因为现代经济体系是个开放体系，分工中存在合作，合作中蕴含着产业分工，"你中有我，我中有你"的特点非常明显。然而，我国当前却面临诸多产业"协调发展"困境。例如，与发达国家相比，我国的服务业扭曲较大，由于投入产出上下游关系，以金融业、房地产等为主导的行业凭借高昂的投入定价挤压了制造业产出份额，侵蚀了产业利润，阻碍了制造业高质量发展。

（一）国际形势冲击国内协调发展

作为世界重量级的两大经济体，中美经济协调发展对促进全球经济发展具有非常重要的影响，可以说，掌控着全球经济棋盘。但自2018年以来，美国单方面挑起新一轮中美贸易摩擦，从贸易、科技、金融等多领域对我国采取"打压"之势，已经影响到全球经济发展进程。中美贸易摩擦具有长期性和日益严峻性，严重影响我国经济社会协调发展，沿海外向型经济和出口外向型的制造业，受到中美贸易摩擦影响较大，地区经济和产业发展势必受到影响。当前，受到中美贸易摩擦冲击，产业衰退，失业水平上升，居民收入差距有所上升，部分行业和企业受到较大损害，国内经济的协调性有所减弱，制造业高质量发展受阻。

（二）产业结构"两头失衡"

我国当前存在部分低附加值行业产能过剩、高附加值行业有效供给不足的问题。我国钢铁产能已近 12 亿吨，远超国内钢材市场 7 亿吨的消费量；煤炭产能近 57 亿吨，也是远远超过了 39.6 亿吨的市场容量；煤电实际装机近 9 亿千瓦，高于电力电量平衡的 7.35 亿千瓦的合理规模。此外，我国水泥、玻璃等行业产能也严重过剩。这势必会造成部分产品库存积压严重，市场价格大幅下降，甚至生产成本高于出厂价格的情况，经济效益下滑，财税减收叠加银行呆账增加，地方债务与金融风险不断累积。另外，我国一般制造业消费品严重过剩，但高品质、高性能产品供给不足，特别是科技含量高的技术密集型产品供给严重不足，难以满足国内居民所需，大量消费者出国采购。

（三）区域发展不均衡

我国先后实施了西部大开发、中部崛起等多项重大区域发展战略，对促进区域协调发展起到了重要作用，有效缓解了东、中、西、东北等区域在不同阶段所呈现的发展差距过大问题，为经济可持续稳定发展提供了较大的腾挪空间。但随着我国进入经济高质量发展阶段，区域发展不均衡问题较为突出，区域分化现象逐渐显现，无序开发与恶性竞争仍然存在，区域发展不平衡不充分问题依然比较突出。整体来看，我国西部、东北等后发地区经济增速存在分化倾向，不协调的发展问题正越来越由东、中、西、东北四大板块不均衡转变为南、北地区发展的不均衡与不协调，"南升北降"矛盾开始凸显。这深层次的原因，就是南、北不同省份政府的不同理念和体制机制环境，南方地区地方政府的服务理念和市场化环境相对更为完善，更能促进区域经济高质量发展。

（四）投资结构存"短板"

过去多年来，我国主要依靠投资拉动经济发展，民间投资占固定资产的比重随着市场化程度不断提高而上升。但近年来，我国民间投资占固定资产的比重却不断下降，且增速上出现了持续的大幅度放缓。特别是，自 2015 年以来，我国民间投资增速低于国有及国有控股企业投资增速的态势日盛，成为制约制造业高质量发展的突出问题。据国家统计数据显示，我国民间投资占固定资产投资的比重从 2006 年超过国有及国有控股企业投资比重后，总体呈现持续上升趋势，但 2015 年后达到 65% 的最高值后便开始逐渐下行，而国有及国有控股企业投资增速也随后超过民间投资增速，保持较高增速发展态势。

（五）金融资源配置失衡

就行业配置看，我国制造业信贷资金获得率较低。尤其是，近几年，我国制造业增加值占 GDP 比重一直保持在 30% 左右，但从金融机构所能获得的贷款却不足 20%。从市场主体配置看，我国小微企业所能获得的信贷资源更是不足。我国小微企业数量占总企业数达 75% 以上，但金融机构人民币贷款投向小微企业的比重长期低于 20%。金融资源配置结构性扭曲，企业融资成本抬高，小微企业融资更是难上加难，国有企业和地方融资平台债务率也会有所上升，金融风险也随之攀升，产业转型升级在一定程度上受制，制约制造业高质量发展进程。

三、指标分解

根据以上分析，我们将制造业高质量发展产出与结果指标评价体系中协调发展类指标进一步分解为高技术制造业主营业务收入占比、地区人均工业增加值离散系数、金融机构投向制造业的本外币贷款余额占比等诸多指标，如表 5 – 3 所示。

表 5 –3　　　制造业产出与结果指标—协调发展类指标评价体系

指标	计算公式	备注
高技术制造业主营业务收入占比（%）	高技术制造业主营业务收入/制造业主营业务收入	反映制造业技术水平
高新技术产品产值占规模以上工业总产值比重（%）	高新技术产品产值/规模以上工业总产值	反映制造业产品结构
先进制造业增加值占规模以上工业增加值比重（%）	先进制造业增加值/规模以上工业增加值	反映制造业产业结构
民营制造业产值占制造业总产值的比重（%）	民营制造业产值/制造业总产值	反映制造业产业结构

续表

指标	计算公式	备注
百亿元以上制造业企业数量（家）	百亿元以上制造业企业总数	反映制造业产业结构
制造业企业"小升规"数量（家）	制造业企业"小升规"总数	反映制造业产业结构
制造业企业上市数量（家）	制造业企业上市总数	反映制造业产业结构
地区人均工业增加值离散系数（%）	地区人均工业增加值平均值/地区人均工业增加值标准差	表明区域工业发展差异水平
金融机构投向制造业的本外币贷款余额占比（%）	本外币制造业中长期贷款余额/外币各项贷款余额	反映制造业融资营商环境

第四节　开放发展及其评估指标

当前，全球经济一体化趋势不可逆转，全球产业链分工不断完善，持续深入改革，扩大开放，不断提高产业特别是制造业全球化水平，仍是摆在我国制造业高质量发展面前的重大发展契机。我国集成电路、新材料、新能源等新一代战略性新兴产业虽已取得一定成绩，但当前工业软件、芯片等相当多领域的技术水平与国外领先水平存在差距，产品成熟度还有待于进一步提高。我国应加大制造业开放领域，鼓励更多具有优势的企业"走出去"，同时引进能够弥补国内产业链"短板"、增加产业链安全的外资企业，实现真正的"你中有我，我中有你"的一体化格局，推动世界各国经济合作多赢，为全人类带来实惠，充分体现人类命运共同体理念。

一、开放发展内涵与必要性

根据"熵定律"，开放系统将导致有序，新活力不断涌现，反观封闭系统则会混乱无序，日益僵化甚至死亡。开放发展强调更好地利用国内外"两个市场""两种资源"，提高在全球治理中的话语权，推动全球化健康可持续发展。开放发展势必面临开放竞争，既包括国家之间的经济竞争，也包括各国之间的制度竞争。我国在国际分工的地位日益重要，在增强国际经济合作与竞争新优势过程中，正努力推进由"贸易大国"向"贸易强国"的跨越，积极推进"一带一路"建设，开放发展既要更多考虑到"走出去"，拓展国际发展空间，也要求练好"内功"。一方面，我国正由经济全球化的配角演变为主角，全球经济治理中的地位和话语权日增。我国积极推进"一带一路"建设，加强与20国集团（G20）、亚洲太平洋经济合作组织（APEC）、金砖国家等重要国际组织的合作，再加上人民币也加入了特别提款权的"一篮子货币"，应积极实施"走出去"战略，加强国际产能合作，努力实现合作共赢，做大互利共赢的"蛋糕"；另一方面，我国已经设立多个自贸试验区，在多个地方推行开放型经济新体制试点，实施负面清单管理模式、"放管服"改革等措施，从质量、技术、品牌、服务等环节，积极培育国际贸易竞争新优势。

（一）开放发展是制造强国建设的主要途径

我国已进入工业化后期，受全球分工日益深化的影响，制造业发展渐趋复杂，研发、设计等需要专业机构承担，产品营销通常又与重大工程相结合，客户需求也在催生新的价值链分工，必须建立起高度系统化、集成化、服务化的开放发展体制机制，实现"中国制造"向"中国创造""中国智造"跃升，夯实制造强国建设基础。开放发展体制机制归根到底是要推动形成新生产力，既要以制造业高效率带动服务业生产效率的提升，又要以服务业的专业化优势促进制造业生产效率的提升，助推整个国民经济生产效率的提高。

（二）开放发展是实现制造业高质量发展的重要动力

我国传统制造业企业正大力推进上下游产业整合，延伸进入技术研发及市场拓展等高附加值环节，现代服务业企业借助数据等优势也日益渗透制造业领域。开放发展体制机制日益完善，做大做优国内企业，走出国门，吸取国际先进技术与经验，又能吸引占优外企入驻，带来高端前沿技术，先进的企业管理经验等，不仅能够改善传统制造业供给质量，还可实现差异化竞争，有效提高企业核心竞争力。其中，开发发展有助于借鉴与吸收国际有关生产性服务等服务理念，助力我国制造业提质增效。这是由于服务创新已成为制造业创新的重要方式之一，有助于制造业突破研发设计、品牌管理、营销服务等高附加值环节，发挥产业规模化、集群化优势，提高核心竞争力。

（三）开放发展是产业升级转型的主要着力点

开放发展有助于我国提高全球产业链融合深度与广度，在全球化产业融合过程中解构和重构产业价值链，形成新产业、新业态、新模式，推动制造业转型升级和形成制造服务平台。其中，先进制造业的发展，专业化、高级化的生产要素的投入必不可少，而现代服务业多是知识密集型服务业，具有较强的产业创新能力。开放发展有助于促进我国制造企业借鉴国外成功经验，发挥"后发优势"，强化研发设计、维护运行、营销、售后服务、品牌管理、提供一体化解决方案等价值链增值环节的服务活动，摆脱长期处于价值链低端环节，进一步强有力推动产业结构优化升级。

二、存在问题

加入世界贸易组织（WTO）以来，我国积极扩大市场准入，取得一定成效，但这初衷多是为了履行 WTO 成员的义务。近年来，我国为提升自身参与全球资源优化配置的水平，开始更多从自主视角考虑，有意识地拓宽开放范畴，如不仅在自贸试验区实行负面清单管理模式，而且从 2016 年 10 月起，对外资全面实行准入前国民待遇加负面清单管理模式。按新版《外商投资产业指导目录》，我国对外资限制性措施仅剩 63 条，较 2011 年版缩减了近 2/3。但是，我国制造业开放发展仍存在一定的问题，需要适时予以解决。

（一）欧美等发达国家试图阻挠国内开放发展

从全球投入产出视角看，我国仍旧是出口供给型经济。我国作为世界制造大国，深入参与到全球的投入产出价值链分工中，通过产业价值链联动效应，提高欧美等发达国家的产出效率，同时带动国内产出效率的提高。当前，世界主要的 40 个国家主导了全球近 90% 的价值创造，全球产业价值链也受制于这 40 个国家，特别是以欧美为代表的发达国家具有较大掌控权。但欧美恐惧我国经济的快速崛起，通过技术封锁、出口管制、加严投资审查等手段，阻挠国内开放发展，试图抬高我国制造业企业的生产运营成本，削弱我国投入产出效率的提升能力。

（二）产品的质量提升步伐或将有所减缓

出口产品的质量提升既需要国内加强质量监管，也需要一个开放和谐的国际经贸环境。这是由于出口产品质量提升的基础是国际化的市场，只有实现了产品的国际化质量认可，才能真正实现质量提升。但当前国际产品市场竞争激烈，长期看，贸易摩擦不断升级，具有长期性、复杂性，从而挤压我国的出口份额。特别是，欧美及日本等国家对我国实施较为严峻的技术封锁、知识产权打压等制裁，将切断我国研发的创新源头，从而阻碍我国制造企业短期的创新活力和制造业的技术进步，不利于我国产品质量提升，如 2018 年深圳市的海外技术转让合同额为 20 亿元，同比下降 54%。我国制造业本就是"大而不强"，叠加欧美及日本等国家阻挠，出口产品的质量提升难度有所增加。

（三）制定国际标准的参与度有待提高

我国是现行国际体系的参与者、建设者、贡献者，是国际合作的倡导者和国际多边主义的积极参与者，参与国际标准制定也是职责所在。国际标准话语权提高，有利于改变我国"制造大国"形象，提升产品附加值，树立中国品牌的国际高端形象。但自 2007 年 3 月起，国外对"中国制造"出口产品由以往的"反倾销、反补贴"转为质疑"产品的安全有问题"，类似"毒牙膏""劣质轮胎""含铅玩具"等频频进入人们的视野。面对当前日益复杂的国际政治经济环境，我国企业必须强化质量管理，要遵守国际标准和国外先进的标准，积极争取制定国际标准的法律权和主动权，采用国际标准、国际标准化委员会公认的其他组织制定的标准，提升我国制造产品在国际上的认可度，实现中国制造"质"的飞跃，由贴牌转向创牌，实现中国制造转向中国创造。

三、指标分解

根据以上分析，我们将制造业高质量发展产出与结果指标评价体系中开放发展类指标进一步分解为高技术制造业出口占制造业出口比重、高技术制造业实际利用外资占制造业比重、高技术制造业对外技术依存度、国际标准化贡献率、知识产权使用费出口额占知识产权使用费进出口总额的比重等诸多指标，如表5-4所示。

表5-4　　　　　制造业产出与结果指标—开放发展类指标评价体系

指标	计算公式	备注
制造业企业出口交货值增长速度（%）	制造业企业出口交货值增加数量/上年制造业企业出口交货值	表明制造业质量国际认可度
高技术制造业出口占制造业出口比重（%）	高技术制造业出口交货值/制造业出口交货值	表明制造业质量国际认可度
高技术制造业实际利用外资占制造业比重（%）	高技术制造业实际利用外资/制造业实际利用外资	反映国外对我国制造业投资情况
高技术制造业对外技术依存度（%）	高技术制造业/工业出口交货值	体现我国制造业自主创新能力
国际标准化贡献率（%）	国内标准被国际采用项数/国际标准总项数	反映我国制造业的国际话语权
知识产权使用费出口额占知识产权使用费进出口总额的比重（%）	知识产权使用费出口/知识产权使用费进出口总额	说明制造业等原创性研发对世界所做的贡献

第五节　共享发展及其评估指标

共同富裕是社会主义本质的重要体现，也是坚持和发展中国特色社会主义必须把握的重要原则。改革开放数十年来，我国经济社会发展成绩斐然，人民的总体生活得到了极大改善，但毋庸置疑，我国收入分配格局仍存在不合理之处，城乡差距、区域差距、行业收入差距等都不同程度地存在。制造业作为立国之本，强国之基，如何让全民享受到制造业发展的红利，使制造业发展成果更多更公平惠及全体人民，共同迈向小康生活，也已经是摆在我们面前亟待解决的问题了。

一、共享发展内涵与必要性

共享发展理念的提出，既具有强烈的时代感，更具有鲜明的现实针对性。共享发展是讲发展成果要覆盖全民。正如习近平总书记指出，共享发展是人人享有、各得其所，不是少数人共享、一部分人共享。共享发展意味着应更加公平地获得发展机会、公平参与市场竞争、全面共享发展成果。就制造业而言，实现人民共享发展，不仅要做大"制造业蛋糕"，而且还要把"制造业蛋糕"分好。

（一）共享发展是全球化的应有之义

随着经济全球化趋势不断发展，各国产业链中"你中有我，我中有你"的特征日益凸显，各国之间相互联系、相互依存的程度空前加深，越来越成为一个命运共同体，共享经济蓬勃发展之态已然势不可当。特别是，共享发展与物联网等新一代信息技术生产方式的共享价值原则具有内在的契合性。共享发展理念是共享经济发展的精神动力，共享经济依托互联网、物联网、云计算、大数据等新一代信息技术，整合、共享海量的制造业产业发展过程中的闲置资源，试图满足多样化、个性化需求，有利于加速制造业高质量发展进程中要素流动，实现供需高效匹配。另外，共享经济发展过程中，必然会出现各种问题，例如说财富进一步集中的发展陷阱，构建与共享经济相匹配的共享发展制度体系，重点推动制造业高质量发展"红利"的全民共享、全面共享、共建共享、渐进共享，让制造业高质量发展成果惠及各国人民，建设共同繁荣、开放包容的人类世界，推动全球化进程和平和可持续发展。

（二）共享发展是顺应信息变革新生产力的发展要求

生产力决定生产关系，生产关系反作用于生产力是人类社会发展的基本规律。纵观人类历史，每一次生产力的飞跃发展都会导致生产关系有一定程度的变革。当前，大数据、人工智能等新一代信息技术与制造业融合越来越深，特别是在创新引领、绿色节约、现代供应链等领域形成了一大批新的增长点和新的发展动能，一些引领性、标志性、颠覆性新技术不断涌现，与生产组织变革相互交织，生产效率不断提高，共享的事物也越来越多，共享价值体系也就成为顺应信息变革新生产力的必然发展要求。

（三）共享发展是实现共同富裕的必由之路

共享发展的实质就是坚持全心全意为人民服务的发展思想，贯彻落实逐步实现共同富裕的要求。从国际经验看，阿根廷、智利等一些国家长期落入"中等收入陷阱"，多是与收入差距日益拉大、社会不公不断加剧、共享发展没有得到贯彻落实有较为紧密的关系。可以说，作为立国之本的制造业，共享发展既是制造业高质量发展的初衷，也是实现制造业可持续健康发展的重要保证。制造业高质量发展实现共享发展不是简单共享成果，而且还具有全民共享、全面共享、共建共享，以及渐进共享等内容，这就需要制定出更为有效的制造业高质量发展的战略规划，使全民在制造业高质量发展中有更多获得感，最终实现共同富裕。

二、存在问题

从古至今，我国社会历来有"不患寡而患不均"的理念，如何在制造业高质量发展的基础上，尽量公平正义地将"制造业蛋糕"分好，让全民共享制造业高质量发展红利并不是件容易的事情。当前，共享发展也存在不公平等发展难题。

（一）社会资源分配不公

共享发展意在实现共同富裕，但我们现在存在收入分配不公等社会问题。这种不公平既是指人们获得资源的不公平，也指人们将这些资源转化为一个结果的机会的不公平。大多数情况下，我们主要考虑的是机会不公平。但实际上机会的不公平与结果的不公平是相互影响、相互关联，反作用于制造业高质量发展。例如，就机会的分配来说，参与制造业各个行业机会的不公平决定了人们的经济活动，即一般来说，煤炭等传统制造业的人员平均工资水平要低于工业互联网等战略性新兴产业的人员平均工资水平，进而影响到人们的收入分配，最终导致结果的不公平。这种不公平现象可能是由于教育资源分配不公、禀赋差异等因素所致。

（二）监管等政策体系有待完善

当前，与制造业高质量发展相关的经济社会管理制度都是基于工业经济和工业化大生产，较为强调层级管理、区域与条块分割等管理方式，注重事前审批与准入等事项。但共享发展基于工业互联网、大数据等新一代信息技术，具有网络化、跨区域、跨行业等特性。可以说，我国现处于共享经济发展初期和探索阶段，制造业产品与服务的供给方通常是大量不确定的个人或组织，涉及标准化、质量保障体系、用户数据保护等，以及税收、劳资关系等问题，已经难以适应现有的监管等政策体系。特别是，"制造业＋互联网"所催化出的新业态、新模式等，多处于政策监管的灰色地带甚至是"真空地带"，亟须调整完善现有政策架构，构建与共享经济相匹配的政策体系。

（三）成本优势加大统筹协调难度

共享发展强调制造业高质量发展"红利"实现全民共享、全面共享、共建共享、渐进共享。这使制造业共享型企业拥有较为显著的成本优势、能够创造无限供给的能力趋近于零的边际成本，传统企业势必要面临巨大竞争压力。特别是，排他性垄断市场中，制造业共享型企业发展态势挑战着原有的经济秩序，既得利益者不可避免要进行质疑和阻挠。共享发展可能引发更深层次的社会分工与组织变更，所涉及的统筹协调难度较大。

三、指标分解

根据以上分析，我们将制造业高质量发展产出与结果指标评价体系中共享发展类指标进一步分解为制造业企业主营业务收入利润率、制造业城镇人员平均工资增速、制造业税收总额占比等诸多指标，如表5-5所示。

表5-5　　　　　制造业产出与结果指标—共享发展类指标评价体系

指标	计算公式	备注
制造业企业主营业务收入利润率（%）	制造业利润总额/制造业主营业务收入	反映制造业效益，投入产出是否高效
制造业城镇人员平均工资增速（%）	[（当年制造业城镇人员平均工资/上年制造业城镇人员平均工资）-1]×100%	体现制造业发展对改善民生方面的贡献
制造业从业人员数量（人）	制造业从业人员总数	体现制造业发展对改善民生方面的贡献
制造业税收总额占比（%）	制造业税收总额/地区税收总额	反映制造业对地区财政的贡献度

第六节　绿色节约及其评估指标

在全球碳排放量激增、全球气候加速变暖的背景下，发展"绿色经济"已成为全球热点。当前，我国深化供给侧结构性改革，就制造业高质量发展而言，不仅要将绿色制造作为生态文明建设的重要内容，而且也要认识到绿色制造是制造业转型升级的必由之路，其本质就是人与自然和谐共生，持续提升绿色制造系统集成水平，既要创造更多物质财富和精神财富以满足人民日益增长的美好生活需要，也要提供更多优质生态产品以满足人民日益增长的美丽生态环境需求。绿色节约发展是保持我国经济社会可持续健康发展的必然选择，也是全面建成小康社会的迫切要求，更是实现高质量发展的必经之路。

一、绿色节约内涵与必要性

自然生态的健康、人与自然的和谐是人类永续发展的根本保障，保护生态环境就是保护生产力、改善生态环境就是发展生产力。绿色节约发展就是在保证产品的功能、质量、成本的前提下，综合考虑环境影响、产品质量、资源消耗、生产效率、劳动条件等因素的现代制造模式，通过采用无毒、无害的原材料和辅助材料，清洁的能源以及高效、节能、降耗的先进制造工艺与设备，在整个制造过程中不产生环境污染或环境污染最小化，符合环境保护要求，对生态环境无害或危害极少，节约资源和能源，使资源利用率最高，能源消耗最低，劳动环境宜人，大幅度降低劳动强度。

经济发展既要同资源环境承载能力相适应，又要具有源源不竭的动力。基于此，制造业高质量发展要有效规范空间开发秩序，合理控制空间开发强度，促进经济与生态环境、资源等空间均衡，将各类开发活动严格限制在生态环境、资源等承载能力之内。我国应抓住世界新一轮科技革命和产业变革重大机遇，把握数字化、网络化、智能化融合发展契机，以信息化、智能化为杠杆培育新动能，实现发展动力向创新驱动转换，推动新技术、新产业、新业态蓬勃发展，厚植创新动力。另外，我国制造业高质量要尊重自然规律，既要"金山银山"，又要"青山绿水"，协调好人与自然、经济发展与生态环境保护的关系，以调整经济结构和转变经济发展方式为着力点，坚持在制造业高质量发展中保护、在保护中发展，厚植绿色动力，实现绿色节约发展、人与自然和谐共生。

（一）绿色节约发展是时代发展所需

面向原材料、设计、生产制造、运行维护、循环再利用等产品全生命周期过程，绿色节约发展就是综合考虑资源效率与环境影响的现代产品开发和制造模式的一种经济形态。当前，全球正处于经济新旧动能转换的关键阶段，叠加新一轮科技革命孕育生产力大发展的重要历史节点，绿色节约发展已然成为全球经济竞争的制高点，各国绿色制造竞争日趋激烈，只有向全球产业价值链中高端攀升才能成功跨越关口，蜕变成功，焕发新生机、新活力。长期以来，我国制造业发展都是以生态环境破坏、资源大量消耗为代价，然而当前国内外时局之下，应以绿色节约发展为理念，推动制造业高质量发展，重塑制造业竞争优势，抢占全球未来经济竞争制高点，同时有意识地规避和防范一些发达国家有意设置的绿色贸易、绿色技术等壁垒，加速我国经济高质量发展进程。

（二）生态文明建设要求绿色节约发展

制造业是国民经济的支柱产业，是立国之本、强国之器，发展好坏直接关系到国家命脉，因此制造业是否具有"绿色基因"对整个国民经济的持续健康发展意义重大。随着资源与生态环境承载力日益弱化，我国从 20 世纪 80 年代起就将生态环境保护定为基本国策，出台了《关于加快推进生态文明建设的意见》等一系列的政策措施。其中，"十二五"规划明确提出，继续把节能减排作为经济社会发展的约束性指标，实施能源消耗强度和总量双控制。中共十八大明确要求，必须把生态文明建设放在突出地位，努力建设美丽中国。这就要求，我国当前应以绿色节约发展为重，坚持节约资源和保护环境的基本国策，坚持节约优先、保护优先、自然恢复为主的方针，着力推进绿色发展、循环发展、低碳发展，形成节约资源和保护环境的空间格局、产业结构、生产方式、生活方式。

（三）制造强国建设的战略任务与重要标志之一就是绿色节约发展

我国仍处于工业化进程中，与欧美等发达国家相比，差距还较大，特别是我国关键核心技术与高端设备对外依存度较高，以企业为主体的制造业创新体系不完善，存在资源产出效率低，生态环境污染问题较为突出。基于此，我国实施的制造强国建设强调，要坚持把可持续发展作为建设制造强国的重要着力点，加强节能环保技术、工艺、装备推广应用，全面推行清洁生产，要发展循环经济，提高资源回收利用效率，构建绿色制造体系，走生态文明的发展道路；到 2025 年，重点行业单位工业增加值能耗、物耗及污染物排放达到世界先进水平。对此，我们理应大力支持企业开发绿色产品；推动在重点行业建设千家绿色示范工厂，实现厂房集约化、原料无害化、生产洁净化、废物资源化、能源低碳化，推进工业园区（集聚区）按照生态设计理念、清洁生产要求、产业耦合链接方式；加强园区规划设计、产业布局，培育百家示范意义强、特色鲜明的"零排放"绿色工业园区；打造绿色供应链，引导企业完善采购标准和制度，综合考虑产品设计、采购、生产、包装、物流、销售、服务、回收和再利用等多个环节的节能环保因素。

二、存在问题

随着绿色节约理念的深入，我国绿色制造发展的状况日益好转。从单位

GDP 二氧化碳排放来看，欧美等发达国家或地区普遍较低，我国相对仍较高，但已呈现下降趋势。据 OECD 统计数据显示，德国、英国和日本的单位 GDP 二氧化碳排放量最低，只有 0.2 左右，只是我国的 1/6，但我国降速较快，由 2005 年的 1.65 最高值降至 2014 年的 1.23，累计下降了 0.4%。据此来预估，我国在 2032 年左右将有望达到韩国当前的水平，2036 年左右达到日本甚至德国当前的水平。总体来看，我国推动绿色制造发展，形成有利于节约新源和保护生态环境的生产方式，以最少的资源消耗、最小的生态环境代价来实现制造业高质量发展，还需注意现在所存在的一些发展问题。

(一)"三高"发展模式尚未根本改变

我国经济发展已经进入新时代，近年来稳居世界第二大经济体，创造了世界经济发展奇迹。但经济发展过程中，我国作为制造大国，长期以来受资源环境约束，很大程度上是以资源的不断投入与生态环境的不断破坏为代价的，高投入、高消耗、高排放的粗放型、低效率增长模式尚未摆脱。据统计数据显示，制造业仍是主要污染物减排的重点领域，源于制造业的二氧化硫、氮氧化物、烟粉尘（主要成分是 PM10）排放量分别占全国污染物排放总量的 90%、70% 和 85% 左右。制造业发展初期，鉴于生态环境空间较大，高投入、高消耗、高排放的粗放型、低效率增长模式还能得以持续，但当前资源、生态环境承载力已经接近极限，制造业粗放型、低效率增长模式并未彻底改变，制造业高质量发展从何谈起。

(二) 能源利用效率提升步伐较缓慢

目前，我国单位工业增加值的能耗水平仍显著高于欧美等发达国家，甚至高于世界平均水平，单位工业增加值所需的能源数量以及由此所带来的生态环境破坏都是十分巨大的。根据统计数据显示，我国单位工业增加值的能耗水平近年来虽然有逐渐下降态势，但下降速度却逐年放缓。我国单位工业增加值的能耗水平由 2000 年的 3.65 万吨标准煤/亿元降至 2016 年的 1.76 万吨标准煤/亿元，降幅达 51.8%。但能耗水平下降速度却由 2008 年的 12.7% 放缓至 2016 年的 3.27%。2012 年 5 月 23 日，国家能源局副局长吴吟在第十五届科博会中国能源战略高层论坛做主题发言时指出，我国能源效率总体仍然偏低，虽然国内生产总值占全世界 GDP 的 9% 左右，但是能源消费却是翻了一番；我国单位 GDP 能耗是世界平均水平的 2.5 倍，美国的 3.3 倍，也高于巴西、墨西哥等发展中国家。因此，我国在能源利用效率提升方面还有很大的发展空间。

（三）水资源等资源产出效率偏低

我国水资源等相关资源产出效率不高。我国水资源的生产效率比美国、日本以及高收入国家的平均水平还要低，而且提高的速度较为缓慢，成为制造业高质量发展进程中的问题所在。自 2000 年以来，我国与美国、日本以及高收入国家的水资源生产效率的差距呈现逐渐扩大的趋势。据世界银行统计数据显示，2000 ~ 2015 年，我国水资源效率由 4.07 美元/立方米淡水上升为 14.99 美元/立方米淡水，高收入国家的平均水平由 28.8 美元/立方米淡水上升至 77.91 美元/立方米淡水，两者之间差距由 24.73 美元/立方米淡水扩大至 62.92 美元/立方米淡水，绝对水平和相对增速均有较大差距。

我国绿色制造技术水平与相关标准和国外的差距如专栏 5 – 2 所示。

专栏 5 – 2

我国绿色制造技术水平与相关标准和国外的差距

与欧美发达国家绿色制造技术水平相比，我国绿色制造技术创新及生产应用存在较大差距。我国制造业规模自 2009 年以来位居世界前列，但是绿色化制造技术水平低，制造方式粗放，是大而不强的全球制造大国。中国单位能耗仍是世界平均水平的 1.8 倍，远远高于美国、欧盟及日本。以铸锻焊等热加工行业为例：我国铸件尺寸精度低于国际标准 1 ~ 2 个等级，废品率高出 5% ~ 10%，加工余量高出 1 ~ 3 个等级；每吨铸铁件能耗为 0.55 ~ 0.7 吨标准煤，国外为 0.3 ~ 0.4 吨标准煤；每吨锻件平均能耗约 1.4 吨标煤，日本仅 0.515 吨标准煤；每吨工件热处理平均能耗约 660 千瓦时，发达国家平均在 450 千瓦时以下。资源、能源、环境、市场的约束不断加剧，长期依赖的低成本优势逐步削弱。与发达国家相比，还存在绿色化发展的核心技术和关键装备受制于人、资源利用率偏低、产业结构不尽合理等诸多问题，甚至发达国家设置绿色化水平指标已成为新贸易壁垒。

在生产过程中，我国企业目前更多关注效益和产值，对资源能源消耗相对关注少，更缺乏明确的资源能源消耗考核目标，缺乏绿色制造标准及规范。目前，我国经济发展进入新常态，资源和环境约束不断强化，更需要关注并推进绿色制造。近年来，我国成立了国家绿色制造标准化委员会，制定并实施一批绿色制造相关标准，但相对量大面广的制造业，需要制定修订更多的绿色制造标准。目前国际上已形成了相对完善的绿色制造相关标准体系，如产品生命周期评价标准、能源管理体系标准、机床能效与生态设计标准、有毒有害物质限用指令等。同时提出了明确的能源效率计划目标，如德国在实施的资源效率生产计划中明确：到 2020 年，能源效率比 1990 年提高 1 倍，原材料效率比 1994 年提高 1 倍。

资料来源：单忠德. 绿色制造助推绿色发展［N］. 学习时报，2015 – 11 – 26.

三、指标分解

根据以上分析，我们将制造业高质量发展产出与结果指标评价体系中共享发展类指标进一步分解为单位工业增加值能耗、单位工业增加值水耗、工业固体废物综合利用率、工业主要污染物排放强度等诸多指标，如表 5 – 6 所示。

表 5 – 6　　　　　制造业产出与结果指标—绿色节约类指标评价体系

指标	计算公式	备注
单位工业增加值能耗（吨/亿元）	工业能源消费总量/不变价工业增加值	表明绿色制造的贡献度
单位工业增加值水耗（吨/亿元）	工业用水消费总量/不变价工业增加值	说明制造业用水投入产出效应
工业固体废物综合利用率（%）	工业固体废物综合利用量/（产生量＋储存量）	说明制造业固体废物循环利用率

续表

指标	计算公式	备注
工业主要污染物排放强度（吨/亿元）	（工业二氧化硫排放量＋工业氮氧化物排放量＋工业废水中化学需氧量排放量＋工业废水中氨氮排放量)/不变价工业增加值	反映制造业主要污染物排放情况
清洁生产制造业企业数量占比（％）	清洁生产制造业企业总数/制造业企业总数	反映绿色制造推广程度

第六章

推动制造业高质量发展的绩效管理政策建议

近年来，全球经济低迷、贸易保护主义抬头、地缘政治矛盾凸显，国际时局已变得甚为微妙，"牵一发而动全身"。制造业是立国之本、兴国之器、强国之基，我国要在稳定当前经济运行、应对国际复杂经济政治形势中发挥"压舱石"作用，要在新时代高质量发展上发挥带动与引领作用。可以说，中美经贸摩擦等标志事件造成国际环境日趋复杂多变，我国特色化的经济社会发展之路波折不断，我国制造业高质量发展面临诸多挑战。财税是国家治理的基础和重要支柱，科学的财税政策体系是优化资源配置、维护市场统一、促进社会公平、实现制造业高质量发展、国家长治久安的制度保障。面对复杂多变的国内外形势，作为财税政策体系重要组成部分的绩效管理政策必须服务于制造业高质量发展的"主旋律"，结合制造业高质量发展的需求点，推动财税政策体系改革完善步伐，让财税调控产业发展的手段更加灵活、更有针对性，不断完善财税政策和制度机制，推动制造业高质量发展。

第一节 加强"自上而下"绩效管理顶层设计

"自由"市场本身既不"自由"也不"免费"，而是一种昂贵的公共品，是所有生产交换活动最基本的公共品，这一公共品的基石便是社会秩序和社会信任①。社会秩序、社会信任是市场这一公共产品的核心要素，需要一套有效的管理机制，解决人民日益增长的美好生活需要和不平衡不充分的发展

---

① 文一. 伟大的中国工业革命 [M]. 北京：清华大学出版社，2016.

之间的矛盾。可以说，市场是配置资源的一种有效方式，但其自发性、盲目性、滞后性的弱点，削弱了其配置资源的效率。这就需要政府有效干预，纠正市场失灵，为社会提供公共品，满足社会共同需要，但政府干预也存在成本、效益等问题。绩效管理是以财政支出效果为最终目标，考核政府的职能实现程度，有效管理政府日常行政行为，是科学的管理工具与系统化的流程作业模式，能够提高政府治理效率。绩效评估有利于提高政府生产力，是政府改革的大势所趋，更是真正转换政府职能的着力点。绩效评估涉及诸多政府层级，需要政府加强"自上而下"绩效管理顶层设计，有效协调各级政府间关系，真正将治理的着眼点由财政投入转移到财政投入后的产出与结果，实现全过程、全口径的预算管理。就制造业领域而言，只有加强"自上而下"绩效管理顶层设计，各层级政府、各部门政府等不同领域的政府官员及社会大众才能真正从思想上认识到绩效管理的重要性，有效吸收制造业高质量发展"一观三论"绩效观，让财政投入到制造业发展中的每一分钱，都切实花到刀刃上，才能真正推动制造业高质量发展。

一、明确制造业高质量发展政府绩效管理的重要性

政府绩效管理是政府自身的改革，与改革开放这一经济体制改革相匹配，是建设责任型政府、服务型政府的改革。中共十八届三中全会《中共中央关于全面深化改革若干重大问题的决定》提出，严格政府绩效管理，这是中央向全国人民做出的不可推卸与撤销的庄严承诺。但是，实际操作中，政府作为权力机构，行使权力就会有所利益，政府官员是既得利益者，依据"路径依赖"理论可知，任何改革都会触碰既得利益者的"利益蛋糕"，因此就会遭遇既得利益者的抵制，或是有意放大改革的负面效应，使其"变形"或"流产"，达到既得利益者意图。

换言之，政府作为改革对象，绩效改革不可能靠"自我觉悟"来完成。这需要绩效管理相关利益人切实明确政府绩效管理的重要性，改变以往的行政观、权力观，在强大的执政党领导下，树立敢于与官僚主义、浪费和腐败等"不正之风"做斗争的理念，采取合理步骤，做大做强做优政府绩效管理。特别是，制造业是立国之本，近年来，国家不断加大制造业财政投入，

但产出与结果并不是很理想，如制造业创新投入不少，但自主创新能力收效不大，这就需要政府从根源上找出着力点，明确制造业高质量发展"一观三论"绩效观，将政府治理的着眼点由只关注财政投入转向财政投入后的产出与结果，真正推动制造业高质量发展。

二、推动"全面实施绩效管理"是综合改革而非单一制度改革

"全面实施绩效管理"改革要以最小的成本或者在既定成本上实现较高水平的经济收益，要将"一观三论"绩效原则贯穿于政府工作的各个层次、各个环节，涉及部门绩效管理、绩效制度等诸多方面，是"牵一发而动全身"的综合改革，而非只涉及制度的单一项改革。这从历次党的代表大会和中央全会的决议中也可以看出，"全面实施绩效管理"改革内容的多面性而非单一性。中共十六届三中全会指出，在推进财政管理体制改革中，要"建立预算绩效评价体系"；中共十七届二中全会提出，"推行政府绩效管理和行政问责制度""建立科学合理的政府绩效评估指标体系和评估机制"；中共十九大进一步提出，"全面实施绩效管理"。

由此可见，"全面实施绩效管理"改革不仅包括预算绩效评价体系、推行政府绩效管理和行政问责制度等制度建设，还包括涉及管理的政府绩效评估指标体系和评估机制等内容，是一项具有长期性、持续性的战略议题。就制造业领域而言，制造业高质量发展不仅要在政府部门和社会大众中推广"一观三论"绩效观，还要再构制造业高质量发展的绩效指标评估体系，也要促进财政部、工业和信息化部、立法、监察等各政府部门对制造业高质量发展进行审查、监督、监察、问责等协作机制，是综合改革而非单一制度改革。

三、变"财政部门推进"为"党委领导、政府推进"模式

财政以财行政，我们一般认为，这是财政部的事情，因此"全面实施绩效管理"改革也应该是财政部的事情，但财政部门虽然是重要的国家要害部门，但我国的财政部门只有制定预算等权力，不具有对部门的行政监督和处罚权等行为能力，这需要"党委领导、政府推进"才能有效推进"全面实施

绩效管理"改革。"全面实施绩效管理"的"结果"不仅是政府的"产出"，更是政府产出符合"以人民为中心"理念的程度、符合"人民满意"标准的程度以及增加人民获得感的程度，然而，正如前面所述，我国制造业高质量发展中存在"供需失衡"问题，制造业产品供给已经滞后于人民日益增长的消费需求，这就需要以结果设定政府推动制造业高质量发展的工作方向、评判政府的产出、重塑政府的流程、规范政府的行为、配置政府的投入等。

显而易见，"全面实施绩效管理"不是财政部一个部门所能完成的工作，需要全国人大、工业和信息化部、科技部等诸多政府部门共同参与，才能实现全国人大的预算绩效审查和监督、政府预算绩效管理、监察部门的效能监察、人民群众评议政府、绩效审计等。这也只有在"党委领导、政府推进"模式下①，才能真正实现国家行政、立法、司法和监察权等各部门以绩效为公约数，按照绩效管理的要求各司其职，确保制造业提质增效过程中，国家权力运行决策科学、执行到位、监督有力，共同推动制造业高质量发展。

第二节　构建科学的绩效评估指标体系

"全面实施绩效管理"要真正成为制造业高质量发展的政府科学管理手段，关键取决于制造业高质量发展的绩效指标体系。制造业高质量发展的绩效指标体系重在"科学性、可操作性、管理有效性"，应以"三性"为标准建设绩效指标体系，才能真正使财政投入发挥"四两拨千斤"的作用，实现制造业高质量发展。

一、绩效指标体系要注重"科学性"

科学性是判断事物是否符合客观事实的标准，能否叙述清楚有关的概念、

①　西方国家推动政府绩效管理有两种模式：一种是英国、法国、德国所实施的在首相或总理领导下，由财政部推进。另一种模式是财政部只是辅助推进政府绩效管理的部门，即美国政府绩效管理是由总统预算办负责推进，财政部只要按国会批准的绩效预算组织拨款就好了；在加拿大，政府绩效管理是由国库委员会（由总理领导的地位高于部级的机构）负责推进。

原理、定义和论证等内容，反映出事物的本质和内在规律。巴甫洛夫曾说过，事实是"科学家的空气"，缺乏事实支撑的理论是虚构的。科学性就是要基于一定的客观事实，以敢于怀疑和批判的精神，研究客观实际存在的事物，深入剖析很可能隐藏着人们尚未发现的科学规律。就制造业领域而言，推动制造业高质量发展的指标体系应该能够较好地体现绩效内涵，具有一定逻辑性，按同一规律来处理指标间的关系，体现绩效指标间的层次性要求，精准把握住制造业高质量发展的精髓所在，筛选出最能反映制造业高质量发展的核心关键指标，最大限度地满足花钱购买公共服务的要求，反映有效服务和公共投入两个方面，激励主管制造业的各政府部门加强绩效管理改革，加快制造业高质量步伐。

二、绩效指标体系要强调"可操作性"

可操作性就是可以按照一定的规范和要领操纵事件，是加大政策落地、落实的一个重要方向。就部门而言，各部门职能都有一定的独特性，管理要求也不尽相同，部门绩效指标体系应基于调查研究，特别是要听取基层意见，按照"一个部门、一套指标体系"针对性开发。基于此，推动制造业高质量发展的指标体系应该能够体现制造业高质量的特征，而且既然是涉及制造业管理部门，那么各指标的原始数据应当来自管理系统中的管理数据，具有可量化、易采集、易辨真伪等特点，坚决杜绝具有混淆性、不确定性的"效率性""经济效益"等抽象化、概括性指标，通过设定各类数据之间的关联性，由计算机自动生成，实现低成本，扰民最小的绩效评价指标体系。需要注意的是，推动制造业高质量发展的指标体系还应该能够反映出管理部门的管理特点，按照各部门的职能设置指标，有效体现制造业管理部门的管理状态，重点凸显出一定的制造业管理部门职能的区分度。

三、绩效指标体系要重视"管理有效性"

有效性是指完成策划的活动和达到策划结果的程度。政府部门管理通常具有一定的指向性，意在完成各项职能，为人民尽可能地提供较为优质的公共服务。而管理是除市场之外，配置资源的另一种更高级和更重要的方式，绩效指标体系有利于提高管理有效性，提高资源优化配置效率。绩效管理推动政府变革，就是在不同产业、不同生产环节、不同行政阶层和政府级别间开展的循序渐进的创新。特别是，官僚主义、浪费与贪污腐败是当前我国政府行政管理有效性提高的"拦路虎"，绩效指标体系一定要在遵循绩效"一观三论"价值理性基础上，促进社会大众改变行政观念，能够有效遏制甚至杜绝官僚主义、浪费与贪污腐败等现象。

换言之，我国长期以来的"唯 GDP"政绩评定标准，造就国内经济几十年高速增长奇迹之外，也带来"寻租"、生态环境破坏、资源浪费等一系列经济社会不可持续发展问题，亟须构建新的政绩考核体系。制造业是立国之本，推动制造业高质量发展的指标体系应该要有利于改变政府行政理念，真实反映部门的逐年绩效成效，治理官僚主义、浪费与贪污腐败等问题，同时也要便于指向部门的基本或关键业绩，发挥引领与促进作用，更要突出同一行业的不同个体的管理差距，确保社会资源切实能够实现优化配置。

第三节　夯实绩效评估的基础信息体系

要牢固树立"花钱必问效、无效必问责"的理念，逐步将绩效管理范围覆盖所有制造业高质量发展资金，深度融入预算编制、执行、监督全过程，完善细化可操作的绩效管理措施办法，建立健全体现制造业高质量发展特点的绩效管理体系。紧密结合制造业高质量发展，优化绩效目标设置，强化绩效目标管理，实施绩效目标执行监控，加强动态绩效评价，及时发现并削减低效甚至无效资金。这都需要较为完善的绩效评估基础信息体系支撑。中共十八届三中全会、中共十九大都明确指出，加大政府绩效信息公开透明度，是建设现代预算管理制度的关键举措。政府预算绩效信息透明化，犹如"消毒剂"，是能够从真正意义上实现以"评价促改革，提高政府治理效率"的有效方式，让政府权力在"阳光"下运行，成为抑制国家和政府官员腐败的工具，促进反腐倡廉建设，同时可以增强政府责任感，乃至促成良好的经济绩效，强有力地推动制造业高质量发展。

一、构建绩效评估基础数据信息库

制造业高质量发展的绩效评估能否有效实施，除了制造业高质量发展的绩效指标，还取决于与制造业高质量发展相关的基础数据信息，即与制造业高质量发展各项绩效指标相关的，来源于部门的管理、会计和统计信息。一方面，制造业高质量发展的绩效指标是建立在与制造业高质量发展相关的各类数据基础之上，没有数据信息，也就是"无源之水"，制造业高质量发展绩效评估也就只能成为一句空话；另一方面，提高制造业高质量发展绩效评估的质量和效率，更应该尽快建立起与制造业高质量发展绩效评估相适应的基础数据信息库，由被动绩效评估，向主动转变。这既能有效减少制造业高质量发展绩效评估的工作量，也能较好地防控与制造业高质量发展相关的"数据造假"问题。

具体来说，应借助大数据、云计算、人工智能等新一代信息技术，开发与制造业高质量发展相关的绩效评估基础数据信息库，同时构建政府预算部门、绩效办等部门间财政信息共享的机制，为财政有关部门编制与制造业高质量发展相关的绩效目标、绩效预算提供有力支撑。需要注意，在合理确定与制造业高质量相关的绩效评估基础数据信息库、搞清底数的基础上，重点关注、反映、记录年度内基础数据信息库内相关数据的实际变动情况、实际支出情况，对推动制造业高质量发展的相关预算单位基本情况做到底数清、情况明，保证在下一年度预算审核中做到有的放矢。

二、加大绩效评估信息公开力度

推动制造业高质量发展，关键也在于"花钱问绩，支出问效"。应把与制造业高质量发展相关的绩效信息公开作为强化与之相关的预算部门和单位绩效意识的突破口，着力建机制、打基础，通过健全常态化的绩效信息公开机制，倒逼财政、工信等部门单位将绩效责任落实。基于"预算编制有目标，预算执行有监控，预算完成有评价"的预算绩效管理机制，应加大与制造业高质量发展相关的绩效信息公开力度，重点做好"三公开"工作，即与制造业高质量发展相关的绩效目标随同预算公开、与制造业高质量发展相关的绩效自评情况随同决算公开、与制造业高质量发展相关的重点评价报告在各市财政部门及工信部门等政府部门的门户网站公开。

具体来说，一是预算编制环节应突出绩效导向。将绩效关口前移，财政、工信等部门要对新出台有关制造业高质量发展的重大政策、项目，结合预算评审、项目审批等开展事前绩效评估，评估结果作为申请预算的必备要件，从源头上提高预算编制的科学性和精准性。二是预算执行环节加强绩效监控。按照"谁支出、谁负责"的原则，完善与制造业高质量发展相关的用款计划管理，对与制造业高质量发展相关的绩效目标实现程度和预算执行进度实行"双监控"，发现低效甚至无效问题，应及时分析原因并予以纠正。逐步建立与制造业高质量发展相关的重大政策、项目绩效跟踪机制，按照项目进度和绩效情况拨款，对存在严重问题的要暂缓或停止预算拨款。三是决算环节全面开展绩效评价。加快实现与制造业高质量相关的政策和项目绩效自评全覆盖，如实反映绩效目标实现结果，对绩效目标未达成或目标制定明显不合理的，要做出说明并提出改进措施。督促与制造业高质量相关的预算部门和单位开展整体绩效自评，重点对与制造业高质量相关的重大政策和项目定期组织开展重点绩效评价，不断创新评估方法，提高评估质量，加快制造业高质量发展步伐。建立健全重点绩效评估常态机制。

三、提高绩效评估结果应用范畴

绩效评估的重要之处在于"评价结果有反馈，反馈结果有应用"，只有这样才能真正发挥出绩效评估的作用。这就需要健全制造业高质量发展绩效评估结果反馈制度和绩效问题整改责任制，形成反馈、整改、提升绩效的良性循环，才能真正促进制造业高质量发展。具体来说，财政部门要会同工信部门等有关部门，抓紧建立制造业高质量发展绩效评估结果与其预算安排和政策调整相挂钩的财政投入机制，设置"奖优罚劣"原则，即财政投入要优先保障绩效好的政策和项目，督促改进绩效一般的政策和项目，削减或取消低效或无效资金，坚决收回长期沉淀的财政资金，并按有关规定统筹用于亟须支持的领域。

　　例如，浙江省政府印发的《关于深化"亩均论英雄"改革的指导意见》（以下简称《意见》）就是基于"浙江省企业分类综合评价体系"，以"亩均论英雄"（或"亩均考核"）的方式，推动制造业经济高质量发展，提高"以亩为单位"的土地投入产出，彰显"密度就是生产力、密度就是竞争力、密度就是创造力"，既利于倒逼制造业企业提质增效，更能督促制造业发展转方式、调结构，提高全要素生产率。"亩均考核"为制造业企业"腾笼换鸟"再添新动力。《意见》提出，基于亩均产出、亩均税收、单位能耗、亩均增加值、研发经费、单位排污税收及全员劳动生产率等"亩均考核"综合评价指标体系，对制造业企业进行评价打分，将企业划分为 A（优先发展类企业）、B（鼓励提升类）、C（监管调控类）、D（落后整治类）四档，各档次企业享受不同财政奖励、要素价格等待遇。

参 考 文 献

[1] 塞缪尔·P. 亨廷顿. 变革社会中的政治秩序 [M]. 李盛平，等译. 北京：生活·读书·新知三联书店，1989.

[2] A. 普雷姆詹德. 预算经济学 [M]. 王卫星，等译. 北京：中国财政经济出版社，1989.

[3] 萨尔瓦托雷·斯基亚沃－坎波，丹尼尔·托马西. 公共支出管理 [M]. 张通，译. 北京：中国财政经济出版社，2001.

[4] 马国泉. 公共行政学经典文选 [M]. 上海：复旦大学出版社，2000.

[5] 尼古拉斯·亨利. 公共行政与公共事务 [M]. 项龙，译. 北京：中国人民大学出版社，2002.

[6] 张成福. 大变革——中国行政改革的目标与行为选择 [M]. 北京：改革出版社，1993.

[7] 财政部预算司. 绩效预算和支出绩效考评研究 [M]. 北京：中国财政经济出版社，2007.

[8] 财政部预算司. 预算管理国际经验透视 [M]. 北京：中国财政经济出版社，2004.

[9] 文一. 伟大的中国工业革命 [M]. 北京：清华大学出版社，2019.

[10] 罗伯特·卡普兰，等. 平衡计分卡——化战略为行动 [M]. 刘俊勇，译. 广州：广东经济出版社，2004.

[11] 马国贤等著. 政府绩效管理与绩效指标研究 [M]. 北京：经济科学出版社，2017.

[12] 马国贤. 政府绩效管理 [M]. 上海：复旦大学出版社，2015.

[13] 马国贤. 公共政策分析与评估 [M]. 上海：复旦大学出版社，2012.

[14] 保罗·克鲁格曼. 萧条经济学的回归 [M]. 朱文晖，王玉清，译. 北京：中国人民大学出版社，1999.

[15] 卡马耶夫. 经济增长的速度和质量 [M]. 陈华山，等译. 武汉：湖北人民出版社，1983.

[16] 钟学义等. 增长方式转变与增长质量提高 [M]. 北京：经济管理出版社，2001.

[17] 西蒙·库兹涅茨. 各国的经济增长 [M]. 常勋，等译. 上海：商务印书馆，1989.

[18] 财政部科学研究所《绩效预算》课题组. 美国政府绩效评价体系 [M]. 北京：经济管理出版社，2002.

[19] 瓦科拉夫·斯米尔在. 美国制造：国家繁荣为什么离不开制造业 [M]. 李凤海，刘寅龙，译. 北京：机械工业出版社，2016.

[20] 中国社会科学院工业经济研究所. 中国工业发展报告（2017）[M]. 北京：经济管理出版社，2017.

[21] 任进. 政府组织与非政府组织：法律实证和比较分析的视角 [M]. 济南：山东人民出版社，2003.

[22] 廖扬丽. 政府的自我革命：中国行政审批制度改革研究 [M]. 北京：法律出版社，2006.

[23] 刘旭涛. 政府绩效管理制度、战略和方法 [M]. 北京：机械工业出版社，2003.

[24] 珍妮特·V. 登哈特，罗伯特·B. 登哈特. 新公共服务：服务，而不是掌舵 [M]. 丁煌，译. 北京：中国人民大学出版社，2010.

[25] 俞可平. 中国地方政府创新案例研究报告（2005－2006）[M]. 北京：北京大学出版社，2007.

[26] 李会欣. 电子政府安全运行引论 [M]. 北京：中国经济出版社，2003.

[27] 颜桂华. 当代中国社会转型期政府运行权力机制重塑研究 [M]. 长沙：湖南人民出版社，2009.

[28] 余芳东. 国外政府统计运行前沿及国际比较新探 [M]. 北京：中国统计出版社，2012.

［29］莱斯特·M. 萨拉蒙. 公共服务中伙伴：现代福利国家中政府与非营利组织的关系［M］. 田凯，译. 北京：商务印书馆，2008.

［30］徐德信. 政府经济学基础［M］. 北京：北京大学出版社，2005.

［31］凯特尔. 权力共享公共治理与私人市场［M］. 周志忍，译. 北京：北京大学出版社，2009.

［32］高祖林. 权力公开透明运行与常熟实践［M］. 上海：上海三联书店，2012.

［33］燕继荣. 服务型政府建设：政府再造七项战略［M］. 北京：中国人民大学出版社，2009.

［34］厉以宁. 中国经济双重转型之路［M］. 北京：中国人民大学出版社，2013.

［35］周其仁. 改革的逻辑［M］. 北京：中信出版社，2013.

［36］曾令发. 探寻政府合作之路：英国布莱尔政府改革研究（1997－2007）［M］. 北京：人民出版社，2010.

［37］王银梅. 权责发生制政府预算与会计改革问题研究［M］. 北京：中国社会科学出版社，2009.

［38］赵爱英，李晓宏. 政府行政成本与绩效研究［M］. 北京：中国社会科学出版社，2009.

［39］黄建洪，沈荣华. 公共理性视野中的当代中国政府能力研究［M］. 北京：中国社会科学出版社，2009.

［40］谭桔华. 政府行政成本简论［M］. 长沙：湖南大学出版社，2005.

［41］赵西卜. 政府会计建设研究［M］. 北京：中国人民大学出版社，2012.

［42］陈劲松. 论我国政府财务会计概念框架体系［M］. 北京：经济科学出版社，2009.

［43］侯荣华. 中国财政支出效益研究［M］. 北京：中国计划出版社，2001.

［44］张少春. 政府公共支出绩效考评理论与实践［M］. 北京：中国财政经济出版社，2005.

［45］王庸君. 公共预算管理［M］. 北京：经济科学出版社，2002.

［46］B. J. 理德，约翰·W. 斯韦恩. 公共财政管理（第二版）［M］. 朱萍等，译. 北京：中国财政经济出版社，2000.

［47］B. 盖伊·彼得斯. 政府未来的治理模式［M］. 吴爱明，译. 北京：中国人民大学出版社，2001.

［48］艾伦·希克. 当代公共支出管理方法［M］. 王卫星，译. 北京：经济管理出版社，2000.

［49］王积业. 关于提高经济增长质量的宏观思考［J］. 宏观经济研究，2000（1）：11－17.

［50］蔡昉. 我国人口总量增长与人口结构变化的趋势［J］. 中国经贸导刊，2004（13）：29－31.

［51］张光. 公共预算的起源与英国的崛起［J］. 天津经济，2006（1）：77－78.

［52］母天学. 对美国政府绩效考评活动的考察［J］. 行政论坛，2001（5）：79－81.

［53］张捷，郝志敏. 政府绩效评估的价值选择［J］. 前沿，2010（6）：23.

［54］马骏. 公共预算原则：挑战与重构［J］. 经济学家，2003（3）：73－81.

［55］马骏. 新绩效预算［J］. 中央财经大学学报，2004（8）：1－6.

［56］牛美丽，马骏. 新西兰的预算改革［J］. 武汉大学学报，2007（1）：802－805.

［57］牛美丽. 美国公共预算改革：在实践中追求预算理性［J］. 武汉大学学报（社会科学版），2003（6）：795－801.

［58］吴建南，温挺挺. 政府绩效立法分析：以美国《政府绩效与结果法案》为例［J］. 中国行政管理，2004（9）：90－94.

［59］王德祥. 美国新绩效预算改革及其对我国公共财政建设的启示［J］. 科技进步与对策，2004（12）：84－86.

［60］刘继东. 美国联邦政府推行绩效预算的历程及启示［J］. 管理现代化，2004（5）：60－62.

［61］傅道忠. 绩效预算与绩效评价制度及其借鉴［J］. 经济问题，2006

（5）：70－72.

［62］彭建. OECD 成员国的绩效评价实践及其借鉴 ［J］. 山东财政大学学报，2005（1）：27－30.

［63］高传旗. 我国财政预算管理的问题与对策 ［J］. 山东省农业管理干部学院学报，2006（2）：71.

［64］周盟农. 我国财政预算体制改革及政策选择 ［J］. 当代经济，2004（5）：51.

［65］马骏，赵早早. 中国预算改革的目标选择 ［J］. 华中师范大学学报，2005（5）：33－42.

［66］国务院. 国务院推进政府购买公共服务 ［N］. 齐鲁晚报，2013－08－01.

［67］李毅中. 专家：我国核心关键技术对外依存度高达50% ［N］. 经济参考报，2015－12－22.

［68］单忠德. 绿色制造助推绿色发展 ［N］. 学习时报，2015－11－26.

［69］许绍元. 如何理解制造业高质量发展 ［N］. 经济日报，2019－01－03.

［70］习近平. 习近平谈到"高质量发展"的20个关键词 ［EB/OL］. (2018－03－15). http://www.xinhuanet.com/politics/2018－03/15/c_129829690. htm.

［71］Chenery H. B. S. Robinson and M. Syr-quin, Industrialization and Growth: A Comparative Study ［R］. New York: Oxford University Press, 1986, 26.

［72］Syrquin, M. "Productivity Growth and Factor Reallocation" in Industrialization and Growth, ed. by H. B. Chenery, Oxford ［R］. Oxford University Press, 1986, 12.

［73］M. Peneder. Structural Change and Aggregate Growth ［R］. WIFO Working Paper, Austrian Institute of Economic Research, Vienna, 2002. 18.

［74］Guide to the Program Assessment Rating Tool (PART)—Research Gate ［EB/OL］. ［2003－06－28］. http://www.researchgate.net/publication_2003_06_28.

［75］Robert M. Solow. Technical Change and the Aggregate Production Function ［J］. The Review of Economics and Statistics, 1957, 39（3）：312－320.

[76] Denison, Edward F. Accounting for United States Economic Growth 1929 – 1969 [J]. Brookings Institution, 1974, 2: 210.

[77] Prescott, E. C. Needed: A Theory of Total Factor Productivity [J]. International Economic Review, 1998, 39 (3): 525 –551.

[78] Richard Allen and Daniel Tommasi, Managing Public Expenditure – A Reference Book for Transition Countries [R]. OECD, 369.

[79] Chenhall R. H. , Brownell P. The effect of participative budgeting on job satisfaction and performance: Role ambiguity as an intervening variable [J]. Accounting, Organizations and Society, 1988, 13 (3): 225 –233.

[80] Libby T. The influence of voice and explanation on performance in a participative budgeting setting [J]. Accounting, Organizations and Society, 1999, 24 (2): 125 –137.

[81] Mia L. The impact of participation in budgeting and job difficulty on managerial performance and work motivation: A research note [J]. Accounting, Organizations and Society, 1989, 14 (4): 347 –357.

[82] Taubenhaus L. J. , Hamlin R. H. , Wood R. C. Performance reporting and program budgeting: tools for program evaluation [J]. American Journal of Public Health. 1957, 47 (4): 432 –438.

[83] Chwastiak M. Rationality, performance measures and representations of reality: Planning, programming and budgeting and the Vietnam war [J]. Critical Perspectives on Accounting, 2006, 17 (1): 29 –55.

[84] Wu L. , Wang F. F. , Yuan Z. Z. Empirical research on the impact of managers participating in budgeting on management performance [J]. Dongbei Daxue Xuebao/Journal of Northeastern University, 2011, 32 (1): 149 –152.

[85] Crain W. M. , O'Roark J. B. The impact of performance-based budgeting on state fiscal performance [J]. Economics of Governance, 2004, 5 (2): 167 –186.

[86] Shin J. C. , Milton S. The effects of performance budgeting and funding programs on graduation rate in public four-year colleges and universities [J]. Education Policy Analysis Archives, 2004, 12: 101 –105.

［87］ Aristovnik A. , Seljak J. Performance budgeting in Slovenia-Lessons from international experiences and some methodological issues ［J］. Ekonomicky Casopis, 2010, 58 (3): 271 - 291.

［88］ Kim Suk H. Empirical Study on the Relationship between. Capital Budgention Practices and Earnings Performance ［J］. Engineering Economist, 1982, 27 (3): 185 - 196.

后　记

　　研究是不断地学习、思考，也是不断地肯定与否定的过程。回顾文稿撰写过程，初时意气风发，末时几乎心力交瘁。既有文思泉涌、下笔如有神的畅快淋漓之喜悦与欣慰，也有无从下笔、茫然失措的窒息感。研究是理论，调研是实践，文稿是将理论与实践融合，诉之笔头的一种方式。

　　一方面，作为一名"工信人"，肩负制造业做大做优做强的重任，如何推动制造业高质量发展成为我日思月念、挥之不去的思绪；另一方面，作为社会监督一分子，我有责任提高财政资金绩效水平，让有限的财政资源真正花在刀刃上。正值国家大力推动制造业高质量发展和创新国家政府行政管理方式，推进政府绩效管理，我们找到了研究突破口，即将制造业高质量发展与财政绩效评估有效结合，为制造强国建设添砖加瓦，助力财政体制建设，为国家繁荣富强贡献一份心力。

　　基于原国家行政学院副院长陈立同志任总顾问、许正中教授作为总协调人和首席经济学家的世界银行课题《国际视域中大国治理现代化的财政战略主动研究》（批准号：176001000000160032）以及国家社会科学基金一般项目"双支柱调控框架下货币政策与宏观审慎政策协调机制研究"（批准号：18BJY237），本著作撰写过程中，我及时就研究中所遇到的问题和困惑与国内外知名专家进行思想火花碰撞，旨在从财政绩效评估视角，切实找出能够解决中国制造业高质量发展难点的有效途径；参与数次国内相关领域的会议，拜访多名国内知名专家学者，就中国制造业发展进程中财政投入产出效果的现状、存在问题及发展前景等进行深入的探讨，受益良多；参加数次企业座谈会与实地调研，听取最基层企业家们的心声，切实了解制造业高质量发展过程中，财政资源优化配置的关键着力点到底应该在哪，政府应该如何有效推动制造业高质量发展。

　　光阴似箭、时光流逝，回首过去，思绪万千，饮水思源，有太多的人值得感恩、太多的事值得记忆。在本书撰写过程中，特别感谢国家发展改革委、工业和信息化部等部委司局各位领导给予的支撑，不仅使我接触到了国内外知名专家学者，而且获取了前沿的理论与实务快讯，大力开拓写作思维；特别感谢上海财经大学马国贤教授、中共中央党校（国家行政学院）许正中教授、财政部财政科学研究院白景明研究员等专家、教授平时有关专业知识的点播；特别感谢工业和信息化部规划司卢山司长、中国电子信息产业发展研究院的张立院长、宋显珠书记、王鹏副院长、刘文强副院长、秦海林所长以及其他领导和同事们的大力支持和帮助。

张淑翠于无为斋

2019 年 12 月